W0238514

Wolf Ruede-Wissmann

Bullfighting

Wolf Ruede-Wissmann

BULL FIGHTING

Die härteste Kampf-Rhetorik

So besiegen Sie Ihre Feinde

SiGNUM

Besuchen Sie uns im Internet unter
www.signumverlag.de

© 2007 by Amalthea Signum Verlags GmbH, Wien
Alle Rechte vorbehalten
Schutzumschlag: g@wiescher-design.de
Motiv: gettyimages, München
Satz: Fotosatz Völkl, Inzell/Obb.
Gesetzt aus der 11,25/14 Punkt Scala
Druck und Binden: GGP Media GmbH, Pößneck
Printed in Germany
ISBN: 978-3-85436-382-8

Inhalt

Darum geht es! 7

Vor lautes Wort 14

1. Beispiele zur Einstimmung 19

1.1 Aus der Politik 19
1.2 Aus dem Arbeitsleben 23
1.3 Aus dem privaten Bereich 27

2. Das Konzept 29

2.1 Zum Konzept aus Ziel, Strategie und Taktik 29
2.2 Zielformulierung: WAS wollen Sie erreichen? 32
2.3 Strategie: WIE wollen Sie das Ziel erreichen? 37
2.4 Taktik: Mit welchen MITTELN wollen Sie das durchsetzen? 47

3. Die Techniken 49

3.1 Verbale und nonverbale Wirkungselemente 50
3.2 Mimik, Gestik und Kinesik 51
3.3 Kampfeinsatz der Stimme 61

4. Die Waffen 65

4.1 Lügen / Vorsätzliches Täuschen / Empörung 65
4.2 Mit Fragen schlagen / abwehren 75
4.3 Süffisanz / Düpierende Schmeichelei / Falschheit .. 79
4.4 Zynismus / Verächtlichmachung 86
4.5 Die LGG-Methode:
LGG = **L**eim – **G**latteis – **G**uillotine 89
4.6 Fangfragen / Verschleierungsfragen / Konjunktivfragen 93
4.7 Rabulistik – Worte und Inhalte verdrehen 101
4.8 Rhetorisch-dialektische Fallen / Killerphrasen 110
4.9 Kreuzverhör / Unter Druck setzen 136
4.10 Nichts tun / Stur oder »schlafend« stellen / Raum verlassen 144
4.11 Intrigen / Gerüchte / Halbwahrheiten / Mobbing .. 148

5. Der »richtige« Einsatz 157

5.1 Vorsicht – jetzt nichts falsch machen!
Differenzieren Sie! 157
5.2 Nichts dürfen Sie fürchten – nur Gott und das Finanzamt! 159
5.3 Greifen Sie nur dort an, wo der Gegner schwach ist! 161
5.4 Schrammen Sie stets »gerade noch an einer Klage vorbei«! 164
5.5 Die goldene Regel: Halb Beifall – halb Buhrufe! 166
5.6 Gnadenlos nachsetzen – oder rechtzeitig aufhören! .. 168
5.7 Die Wirkung zum Schluss immer deutlich erhöhen! .. 171

6. Schlussbemerkung 173

Darum geht es!

Vor Ihnen liegt ein Buch, welches sich mit sehr harten, teils unfairen Kommunikationsformen nicht nur beschäftigt, sondern auch Hinweise, Tipps, Übungen, Anleitungen und sonstige Hilfsmittel gibt, um Härte zu zeigen, wo es wichtig ist, wo es erforderlich ist, einen Gegner »fertig zu machen«, ihn schachmatt zu setzen, ihn außer Gefecht zu setzen – wenn er Böses im Schilde führt oder Sie gar vernichten will. Erwarten Sie darum keinen Schmusekurs und kein Kuschelbuch. Hier geht es zur Sache. Aber ohne »Schätzchen«.

BULLFIGHTING heißt übersetzt STIERKAMPF.

Titel und Cover wurden gewählt, weil bei dem widerwärtigen Spektakel des Stierkampfes scheinbar beide, also der mächtige Stier und der eher grazile Torero, die gleichen Chancen auf den Sieg haben sollen. Der Furcht einflößende Stier allerdings gilt als weitaus gefährlicher als der operettenhaft gekleidete und arrogant dahinstakende Torero im Dünnformat. Wer kennt nicht das Bild vom schnaubenden Stier, wie er wütend und angriffslustig mit den Vorderhufen scharrt? Ein ungleich gefährlicher Gegner? Weit gefehlt, wie jeder weiß. Denn der kraftstrotzende Stier wird so lange gehetzt und durch Picaderos mit Angriffen geschwächt, bis ihm, zur perversen Freude der gröhlenden Massen, der Todesstoß versetzt werden kann und er mit Pferden zum Abdecker oder zum Bouletten-fabrikanten geschleift wird. Panem et circensis.

Der Bogen zum Buchinhalt ist leicht zu schlagen. Wer Hinweise und Tipps für eine Diskussion oder Verhandlung mit gleichen Chancen beider Akteure erwartet, hält das falsche Buch in den Händen. Wer das Gewinner-Gewinner-Prinzip erwartet, hat das falsche Buch gekauft. Wer christliche Ethik, Moral und Ehrlichkeit zum Maßstab seines Handelns erwählt, sollte das Buch in die Ecke werfen.

Wer jedoch stets siegen will – um jeden Preis, ohne Beachtung der Ethik, Moral und Würde –, ist hier richtig; der liest das geeignete Buch. Widerwärtig? Wer regt sich über Stierkampf, Vogelmord oder Robbenschlächterei auf? Im Sommer 2006 wurde, nachdem viele Versuche, ihn zu fangen, und es nicht gelang, ein streunender Bär in Bayern auf Anordnung des verantwortlichen Ministers von Jägern waidmännisch erlegt. Tagelang war »Bruno«, so sein gewählter Name, das Thema in der Yellow Press. Briefe von wütenden Lesern wurden veröffentlicht. »Mahnwachen« wurden auf dem Marienplatz in München abgehalten, Unterschriftenlisten lagen aus, politische Konsequenzen wurden gefordert.
Zur gleichen Zeit wurden in Deutschland Kinder gequält, bestialisch vergewaltigt und ermordet. In der Presse nahm das nur einen unwesentlichen Teil der Berichterstattung ein. Nix Mahnwache auf dem Marienplatz. Nix Proteste. Nix Unterschriftensammlung. Solidarität mit der Kreatur Mensch fand auf dem heimischen Sofa während der Nachrichten statt. Bis zum Hauptprogramm.
So weit zur Moral.

Hat man Ihnen beigebracht, den Verhandlungspartner zu respektieren, höflich zu sein, sich an festgelegte Regeln zu halten, stets sachlich und faktenorientiert zu agieren, das Vertrauen des anderen zu erwerben? Hat man Ihnen beigebracht, immer auf Fragen zu antworten und anderen Personen das

Recht zu reden stets zu gestatten, weil gute Manieren und positive Kommunikation zum Verhandlungserfolg führen?
Hat man Ihnen auch beigebracht, dass der Klapperstorch die Kinder bringt?
Hämmern Ihnen ständig Vorstandsmillionäre, »Heuschrecken«, Lobbyisten und Parteipolitiker ein, dass in unserer globalisierten Welt nur der Verzicht auf Lohn, Zulagen und soziale Errungenschaften Arbeitsplätze sichert?
Hat man Ihnen gesagt, stets an das Gute im Menschen zu glauben?
Glauben Sie immer noch an den Weihnachtsmann?
Wenn Sie Ihre Umwelt nicht beherrschen, beherrscht Ihre Umwelt Sie! Und wer nicht gegen den Strom schwimmt, gelangt nie zur Quelle.

Darum:
Lesen und trainieren Sie etwas Unanständiges, damit Sie sich in Zukunft und somit für *Ihre Zukunft* anständig wehren können.

Besser ein erfolgreicher Widerling als ein freundliches Nichts.

Schlussendlich ist Bullfighting auch geeignet, einen lästigen Bekanntenkreis deutlich zu verringern, die Angriffslust anderer entscheidend zu reduzieren und unnützen Einladungen zu entgehen. Das spart Zeit, Nerven und auch Kosten.

Und noch eines sollte nicht verkannt werden:
Wir leben in einer Welt, in der ganz offensichtlich nur die ökonomische Verwertbarkeit eines Menschen der Maßstab allen Handelns ist. Noch die Kreide im Hals lullen viele Unternehmer ihren Mitarbeitern ein, dass allein der Verzicht auf Lohn, Freizeit und soziale Errungenschaften ihre Arbeitsplätze sichert. Das ist, wie bekannt, eine sehr einseitige Forde-

rung. Denn wenn es dem Unternehmen wirtschaftlich wieder besser geht, ist keine Rede mehr von der Sicherheit des Arbeitsplatzes – geschweige denn von einer Beteiligung am Gewinn, obwohl sich die Mitarbeiter am Verlust beteiligten (siehe AEG, Februar 2006). Ein besonders widerwärtiges Beispiel lieferte das Siemens-Management (Stand September 2006). Man genehmigte sich selbst 30 Prozent Erhöhung der ohnehin satten Bezüge und »entließ über 3000 Mitarbeiter« oder, besser, »entsorgte« sie durch die neuen asiatischen Herren der Handy-Sparte von BenQ, die dafür zuvor auch noch fürstlich mit Millionenbeträgen entlohnt wurden. Auch wenn aufgrund des öffentlichen Drucks die Bezugserhöhungen des Vorstands zurückgenommen wurden, so ist das doch Kapitalismus in seiner hässlichsten Form. Wer hätte da als Verlierer noch Skrupel, sich selbst mit harten Bandagen zu wehren?

Wie das sozial bewertet wird und was daraus des Weiteren an sozialkämpferischen Verhalten der Betroffenen als modernes Proletariat entstehen wird, ist zunächst als Schlagwort »neue Unterschicht« aktuell geworden und als Forschungsfrage bei den Universitäten und als Rattenfänger-Thema bei den Neonazis gelandet. Gegenwärtig sind »Heuschrecken« (gemeint sind globale Wanderabzocker, Bezeichnung von Herrn Müntefering 2006, Bundesarbeitsminister) und skrupellose, gierige Manager offensichtlich das Maß der Dinge. Und die Erpressungsformeln sind stets die gleichen: Gefährdung des Standorts Deutschland, Drohung mit Entlassungen, höhere Arbeitslosigkeit, Gespenst Billiganbieter, ach ja, die Globalisierung nicht zu vergessen usw. Neue Armut? Neue Unterschicht?
Loser – nennt man das anglizistisch. Zu Deutsch: Verlierer in unserer Gesellschaft.
Ein ehemaliger Unternehmerpräsident wird nicht müde, in Talkshowrunden seine uralten Sprüche in einem vornehmen Chef-Vertrauenston abzuplappern, nämlich dass man den

Menschen nur die notwendigen Erklärungen und Informationen geben müsse, dann verstünden sie schon alles. Soso. Also einer allein erziehenden Mutter, die infolge von Geldmangel mit ihren Kindern nicht einmal auf die Kirmes gehen, geschweige denn die Schulbücher bezahlen kann, der muss man nur das erklären, was mit Chuzpe jener »Herr« dahinplappert, der sich um nichts, aber auch um gar nichts finanziell sorgen muss. Dümmer geht's nimmer. Doch die TV-gerecht aufbereitete geistige Diarrhö vieler danebengelungener Apostel ist natürlich exzellent sozial geschminkt.

Aber wie heißt es doch in einem volkstümlichen Sprichwort: *»Man kann den Hintern schminken, wie man will, es wird kein ordentliches Gesicht daraus!«*

Alles schönreden, vieles verschleiern, vielleicht nur ein bisschen verdrehen oder gar ordinär lügen – und alles das wider besseren Wissens als eine neue soziale Variante? Ein Blick in die USA zeigt, was auf uns zukommen wird. Dort hat sich seit einigen Jahren eine Kultur des Verdrehens, des Spinnens entwickelt, die nicht unbedingt mit »Lügenkultur« apostrophiert werden kann, und es geht auch nicht um das vorsätzliche Betrügen. Sie nennt sich »Spin-Kultur« (spin = engl. spinnen, wirbeln, drehen etc.) und hat zum Ziel, na, was wohl in den Staaten? Zu verkaufen, und zwar um jeden Preis. Das hat dort eine lange Tradition. Schon Bert Brecht sagte anlässlich seines dortigen Aufenthalts in den 1930er-Jahren bissig, dass es dort nur »kaufen« und »verkaufen« gäbe, und ergänzte drastisch, dass man dort nicht einfach »... *pinkelt, sondern ... man verkauft seinen Urin an das Pissoir* ...«. In den Staaten hat man also längst das Unanständige, die Rabulistik, auf ein gesellschaftlich akzeptiertes Gebiet transferiert, während bei uns noch die Unanständigkeit eines solchen Tuns bejammert und beschimpft wird.

Gesellschaftlich akzeptiert ist der Starverkäufer in den USA, also jeder, der gut reden und verkaufen kann. Und dabei kommt es eben auf die Verpackung an – auch bei uns. Ein Pfarrer, der nur von Himmel und Hölle, Gut und Böse und Engelchen und Teufeln sabbert, um uns christliche Werte zu vermitteln, predigt nicht selten vor leeren Kirchenbänken oder vor denen, die diese Werte bereits haben. Wer sich jedoch als moderner Pfarrer z. B. in die Fragen und Sorgen von Jugendlichen hineinversetzen kann, wer ihre Nöte und Sprache versteht, der »erreicht« diese jungen Menschen mit seiner Wertevermittlung auch, ohne dass er sich anbiedert. Bis weit in die 60er-Jahre des vorigen Jahrhunderts waren das allerdings noch ketzerische Gedanken.
Und das war noch gar nichts. Wer in früheren Jahrhunderten im Christentum darüber wissenschaftlich sinnierte, ob es nicht vielleicht doch auch auf anderen Planeten Leben geben könnte, tja, der wurde – weigerte er sich, seine Unfähigkeit, das göttlich Einzige via Rom-Geschmack anzuerkennen – nach mehrjähriger Erzwingungshaft bei lebendigem Leibe verbrannt. Übrigens persönlich vom Papst angeordnet. Das hat sich – gottlob – gewandelt. Zumindest die Methoden. Fehlende Entschuldigungen für Unrecht dieser Art aus der Vergangenheit allerdings nicht. Päpste sind eben nicht nur unfehlbar, sondern auch beständig ...

Doch nichts ist beständiger als der Wandel – wohl wahr für den, der nur die oben beschriebene Situation verteidigt. Man müsste einfach nur glauben ... können ..., was einem da so wunderpäpstlich und global-kapitalistisch vorgesetzt wird.

Aber Wandel findet letztlich überall statt und ist nicht nur auf die Makroebene zu beschränken. Es kann und es wird nicht sein, dass die Mikroebene, also die arbeitenden Beteiligten, sich heute mit den Maßnahmen wehrt, die noch vor Jahrzehn-

ten gegolten haben – sozial, ethisch wie auch kämpferisch. Der Wandel wird auch im Verhalten dieser Ebene zu spüren sein. Das mag man gut oder nicht gut finden. Ausgang und Maßstab ist das Verhalten Beteiligter auf der Makroebene.
Wer ist unanständiger? Der Teufel selbst oder jener, der den Teufel bewusst mit dem Beelzebub austreibt, um sich mit Luzifer zu verbünden? Die Menschen auf der Mikroebene werden schnell lernen, sich mit den Methoden der Makroebene zu wehren – ob das den unfairen Makro-Oberen nun passt oder nicht.
Und genau darum lernen mit diesem Buch die Leser, wie man erfolgreich angreifen kann, wie man seine Gegner unter allen Umständen besiegen kann, wie man seine Feinde »fertig machen kann«, weil diese Böses im Schilde führen, weil sie selbst über andere herrschen wollen. Aber sie erfahren im Umkehrschluss auch, wie man sich gegen unfaire Methoden anderer wehren kann.
Bullfighting ist ein Buch unserer Zeit.
Es ist die härteste Kampfrhetorik.

München, im Februar 2007

Dr. Dr. Wolf Ruede-Wissmann

Vorlautes Wort

Werden Sie vorlaut!
Nur wer vorlaut ist, verschafft sich Gehör!

Wenn Sie es aber nicht mögen, vorlaut zu sein, dann akzeptieren und erkennen Sie, dass vorlaute Menschen »stören«. Recht so – aber wen stören diese Menschen und warum? *»Sei nicht so vorlaut!«* – ermahnten Generationen von Eltern ihre pubertierenden Kinder. Und sie verbanden mit dieser Erziehungsregel, dass das Kind lernte, sich »anständig« in der Gesellschaft zu bewegen, sich zurückzuhalten. Vorlaut, also unanständig zu sein, so diese oft auch »*zu*-schlagende« Theorie, führe zu nichts, nein schlimmer noch, sie könne zum gesellschaftlichen Out führen.

Sei nicht so vorlaut! So ein Schmarren!
Nicht vorlaut zu sein heißt zunächst einmal, sich anzupassen. Klar, wem empfohlen wird, sich anzupassen, dem wird etwas »an-gepasst« – und zwar so lange, bis es »passt«; auch wenn es dem Zwangsglücklichen nicht passt. In diesem Gewand muss ein solcher Zeitgenosse sich dann »bewegen« – wenn es denn noch geht. »Aufrecht« gehen ist damit oftmals unmöglich und auch gefährlich, denn man könnte stolpern. Und die Angepassten setzen noch eins drauf: *»Wer kriecht, kann nicht fallen!«*
Ein Beispiel:
Anlässlich einer Demonstration in München schnauzte ein junger Polizeibeamter zwei ältere Damen, die sich beschwer-

ten, dass sie abgedrängt wurden, mit den Worten an: *»Jetzt werden Sie mal nicht vorlaut!«* Fassungslos schauten die Frauen sich an, bekamen einen roten Kopf und ... gehorchten. Man hatte den Eindruck, dass sie sich schämten, denn andere Teilnehmer sahen auf sie. Bestimmt gehörten sie noch der Generation an, bei der »vorlaut sein« eine Ungezogenheit, ein schlechtes Benehmen ist (Regel: *»So was tut man nicht. Das ist ungezogen!«*). Vielleicht war ihnen unwohl bei dem Gedanken, »vorlaut« zu sein. Lieber duckten sie sich nach dem Motto: *»Wir wursteln uns schon durch!«*

Wer dieses »Muddle-through-Prinzip« mag, der muss auch akzeptieren, dass sein Leben ein Fahrplan ist, der von anderen aufgestellt wurde und dem man zu gehorchen hat. Abweichungen sind nicht gestattet. Sie »stören« diesen Fahrplan der anderen. Und darum stört, wer vorlaut ist.
Werden Sie darum vorlaut. Stören Sie! Werden Sie unbequem. Zeigen Sie Zivilcourage. Nehmen Sie ein demokratisches Recht in Anspruch. Denn schon Theodor Heuss (der erste Bundespräsident der Bundesrepublik Deutschland) sagte: *»Der unbequeme Staatsbürger ist das Ideal der Demokratie.«*

Haben Sie schon einmal von einem Hartz-IV-Empfänger, einer allein erziehenden Mutter mit Kindern, einen kleinen, auf Kredite angewiesenen Handwerksmeister oder einen Sozialrentner gehört, Sie *mögen mit dem Jammern aufhören und zupacken*? Diese »weisen Ratschläge« kommen stets von denen, die sich um ihre Miete, um ihre lukullischen Genüsse, ihren Luxus, ihre Reisen usw. keinerlei Gedanken machen müssen. Diese »Heilsbringer«, die Menschen nur als eine verwertbare ökonomische Größe begreifen, verstehen nicht, dass eine Familie mit mehreren Kindern die Schulbücher nicht bezahlen kann. Sie wissen nicht, was Altersarmut konkret bedeutet. Sie wissen nicht, dass es Menschen gibt, die sich schämen, weil sie nicht

»mithalten« können, weil sie arbeitslos geworden sind – übrigens nicht selten aus Gründen der Unfähigkeit gerade solcher Besserwisser, genannt »Topmanager«, die ein Missmanagement mit Entlassungen zu verantworten haben. Doch diese Typen mögen eines nicht: Ungehorsam und Vorlautsein! Das stört ihre »Ruhe«. Denn ihr Motto lautet: Geld ist geil wie ein Bock und scheu wie ein Reh!

Vorlaut zu sein ist jedoch für jedes Individuum in der heutigen globalen Welt wichtiger und lebensnotwendiger, als zurückzustehen, ruhig zu sein, sich anzupassen. Vorlaut zu sein stört – aber genau diejenigen werden gestört, die »ihre Ruhe haben wollen«. Denn ohne diese »ihre Ruhe« wären die Geschäfte nicht möglich, die sie über die Köpfe der Angepassten hinweg abschließen – ohne sie zu fragen oder gar zu beteiligen. Ungerechte Globalisierung ist mit Vorlauten nicht möglich. Und wer vorlaut einem kriegslüsternen Präsidenten widerspricht, macht sich unbeliebt. Zwar nur bei Kriegsbefürwortern, aber immerhin! Plötzlich registriert man die »Vorlauten«. Nur wer vorlaut ist, wird respektiert, akzeptiert. Wer nichts sagt, wer nicht vorlaut, sondern – wie gelernt – zurückhaltend ist, bleibt Stimmvieh, welches nur das dumpfe Klatschen der Treiber hört und darum in die Richtung trabt, in der man das Vieh haben will. So ist es. Denn die »Treiber« sind rhetorisch ausgekochte Bullfighter. Sie kennen sich in jedem boshaften Winkel aus. Und lächeln. Darum »führen« sie – wohin auch immer.

Das kann man perfide, schlimm und scheußlich finden. Man kann das sogar aus ethischen und religiösen Gründen verwerflich finden. Okay. Doch nun lassen wir mal die christlichen und auch muselmanischen Vorgehensweisen in den letzten Jahrhunderten und auch heute gedanklich Revue passieren. Es bestätigt eindrucksvoll die Tatsache, dass es ausgebuffte Kampfrhetoriker gab und gibt, die offensichtlich jede Situation be-

herrschen und nahezu jeden Feind besiegen können. Das ist eine schlimme Krankheit – fürwahr!
Doch eine schlimme Krankheit bekämpft man nicht dadurch, dass man sie bedauert oder bejammert, sondern dass man sie analysiert, damit es zu einer richtigen Diagnose kommt und eine wirksame Therapie angewendet werden kann. **Darum ist dieses Buch selbstverständlich auch geeignet, sich gegen Bullfighting zu wehren**. Wer eine schlimme Methode kennt, und sei sie noch so übel, hat bessere Chancen, sich zu wehren, als jemand, der blind, ahnungslos und ungewappnet in die Falle eines Kampfrhetorikers läuft. Doch dagegen kann man sich wehren!
Dazu folgendes Beispiel:
Stellen Sie sich bitte vor, Sie spazieren im Wald und sehen auf einer Lichtung viele schöne, rote Walderdbeeren. Sie wollen diese pflücken, gehen drauflos und ... merken nicht, dass davor ein Sumpfgelände ist, durch Farn und Efeu nicht erkennbar gewesen. Sie sinken ein. Wenn Sie Glück haben, ist der Schuh beim Rausziehen noch dran.
Fazit: An was denken Sie, wenn Sie das nächste Mal Walderdbeeren sehen? Klar, an Sumpf – und sind entsprechend vorsichtig.
So soll es sein, wenn Sie einen Gegner haben, der mit Techniken kommt, die Ihnen bis dato verborgen waren. Vielleicht sind Sie einmal reingefallen. Wie gesagt, einmal ...! Jetzt beherrschen Sie die Abwehr, mehr noch: Kampftechniken zum Angriff.

Vordergründig geht es um die Vermittlung dieser Kampftechniken. Und dazu gehört das Vorlautsein. Wir meinen mit »vorlaut« allerdings nicht tumbes und unüberlegtes Reden, Schreien, Kreischen usw. Wir meinen, dass man **vor** den anderen **laut** werden muss, bevor diese es tun. Und »laut« muss nicht unbedingt mit Lautstärke zu tun haben. Den Mut zu ha-

ben und die Fähigkeit zu besitzen, mit Bullfighting zu agieren, setzt jedoch voraus, dass man sich vorlaut, rechtzeitig und ständig einbringt, um die eigenen Ziele zu erreichen.
Es geht hierbei nicht um Freundschaft, positive Kommunikation oder rhetorische Schönheit. Es geht nicht einmal um das beiderseitige Gewinnen.
Es geht nur darum zu siegen – um jeden Preis.

Für solche Siegertypen ist Bullfighting nicht moralisch schlecht, gewissenlos oder gemein, sondern ungemein erfolgreich.

1.

Beispiele zur Einstimmung

Dieses Kapitel wird kurz gehalten. Leser, die dieses Buch erworben haben, kennen mit Sicherheit viele Beispiele aus dem täglichen Leben. Und es geht jetzt nicht mehr darum, andere Zeitgenossen ihrer rhetorisch-taktischen Fähigkeiten wegen zu bewundern, sondern um selbst wirksame Techniken einzuüben und anwenden zu können.
Talleyrand (Talleyrand-Périgord, bedeutender französischer Staatsmann, 1754–1838) sagte: *»Die Sprache ist dem Menschen gegeben, um seine Gedanken zu verbergen.«*
Ein Bullfighter weiß: *»... auch seine Absichten.«*

1.1 Aus der Politik

Die ergiebigsten Zitate und Quellen finden sich in der Politik. Schier unerschöpflich sind die Unverfrorenheiten und Lügen von Politikern, ihre eigenen Interessen durchzusetzen. *»Wo Öl ist, da sind die Amis; wo Hunger ist, da ist die UNO!«* Diese bittere, aber leider wahre Aussage stammt von einem sehr bekannten Schriftsteller und Geisteswissenschaftler. Man erinnere sich: US-Präsident Bush und Englands Premier Blair rechtfertigten den Irakkrieg mit den angeblichen Massenvernichtungswaffen, die der irakische Diktator (von Amerika jahrelang gefördert und protegiert) Saddam Hussein binnen weniger Stunden scharf machen könnte. *»Es lägen zweifelsfreie Geheimberichte vor«,* wurden Präsident, Außenminister, Sicherheitsberater, Militärs usw. nicht müde, der Weltöffentlichkeit einzuhämmern. Zudem hätte Saddam direkte Kontakte zum Terrornetz des 11. September. Und willig folgten dem Kriegsaufruf vor allem einige neue EU-Staaten, die, so der französische Präsident Jacques Chiraq, »... *die Chance verpasst haben, den Mund zu halten!«* (Zitat 2004, vorab gegen Polen gerichtet). Auch andere von den USA abhängige Staaten folgten dem Kriegsaufruf und sandten Soldaten. Lediglich der französische Staatspräsident und der deutsche Bundeskanzler waren »vorlaut«. Sie weigerten sich schlicht, ihre Soldaten in diesen Krieg zu schicken.

Hier können wir also gleich zwei Seiten des Bullfighting begutachten. Auf der einen Seite bringt es der US-Präsident fertig, mittels unvorstellbar dreisten Falschinformationen die halbe Welt zu mobilisieren, um in einen sehr umstrittenen Krieg mit negativen Folgen ungeheuren Ausmaßes zu ziehen. Denn weder wurden Massenvernichtungswaffen gefunden, noch besaß der Diktator Kontakte zum Terrornetz al-Qaida. Auf der anderen Seite erfahren wir die Wirksamkeit eines bis dato amerikahörigen Verbündeten, nämlich Deutschland, der unerwartet »nein« sagt. *»Deutschland zieht nicht in den Krieg!«* Und Kanzler Schröder blieb knallhart dabei.

Jetzt geht es nicht darum, wer »Recht« hatte. Das wird die Geschichte zeigen. Sondern es geht hier um die Frage, mit welchen Methoden die eine und die andere Seite operierte, um ein bestimmtes Ziel zu erreichen.

US-Präsident George W. Bush redet sich (7/2004) damit heraus, dass er den (Fehl-)Informationen des amerikanischen Geheimdienstes Glauben schenkte. Englands Premier Blair plapperte sich ebenfalls so raus. Aber waren das wirklich geheimdienstliche Fehlinformationen, oder hat man sich ganz bewusst und mit voller Kenntnis einer Falschdarstellung dieser Infos bedient, um ein Ziel zu erreichen, nämlich das weltweit zweitgrößte Ölvorkommen zu kontrollieren? Ging es um Massenvernichtungswaffen oder um eine einmalige (Öl-)-Chance? Die Weltöffentlichkeit weiß jetzt um diese Täuschung (9/2006). Aber das Ziel von Bush, diesen Krieg zu führen, wurde erreicht – um welchen Preis auch immer. Und die Sprache der US-geführten Truppen war so verschleiernd wie die Kriegsbegründungen. Da gab es nicht etwa eine Zerstörung von Häusern und Leben, sondern – man staune – einen »chirurgischen Eingriff«. Hieß es bisher »Krieg führen«, so nennt man es nun eine »groß angelegte Kampagne«. Und weil ein grauenhafter Luftschlag bevorsteht, spricht man ehrlicherweise davon, dass es »keinen halbherzigen Feldzug« gibt. Vor allem sind die »Waffen intelligent« geworden. Sieh mal einer an! Dabei sind es GPS-gesteuerte Raketen, die gnadenlos töten, vernichten und so intelligent sind, dass sie auch massenhaft Zivilisten töten. Doch jeder Pazifist weiß, dass intelligente Waffen eben nur jene sind, die nicht eingesetzt werden, die zu Hause bleiben. Geht es allerdings mal nicht so gut im Krieg, so ist keinesfalls der Feldzug schlecht geplant, sondern man hat »logistische Probleme«.

Herr Präsident Bush, Sie können stolz sein auf Ihr Bullfighting, wenngleich Sie auch darum geächtet werden. Wir Deutsche liefern Ihnen gerne Beispiele:

In den Ersten Weltkrieg zogen deutsche Soldaten für »Gott, Kaiser und Reich«. Ergebnis: 30 Millonen Tote. In den Zweiten Weltkrieg zogen deutsche Soldaten für »Führer, Volk und Vaterland«. Ergebnis: 50 Millionen Tote. Im Vietnamkrieg wurde die »westliche Freiheit« verteidigt. Durch den Irakkrieg sollte der Terror ausgeschaltet werden, der sich erst dadurch konsti-

tuierte und multiplizierte. Und unser wieder vereinigtes Deutschland, nun, das wird jetzt am edlen Hindukusch verteidigt. Und es gibt noch so viele Krisenherde, z. B. in Afrika, wo deutsche Soldaten dringend stationiert werden müssen! Zwar unausgebildet, mangelhaft ausgerüstet – aber ... Abmarsch!
Es braucht einfach nur eine Generation, um Kriege zu vergessen und eine »neue Verantwortung« zu predigen.
Wir brauchen darum einfach mehr Bullfighter, um »nein« zu sagen, um Widerstand gegen jedweden Krieg zu organisieren. Denn immer und immer wieder haben die Verantwortlichen dubiose Gründe produziert, Soldaten in den Tod zu schicken. Mal waren es machtpolitische, mal wirtschaftliche Interessen – meistens beides zusammen. Bullfighter zu werden heißt darum auch, gegen jeden Krieg zu sein und aktiv gegen jede Form von Krieg, gegen jede Form und Begründung zu agieren – was immer die Politiker schwätzen. Denn noch nie hat auch nur ein einziger Krieg ein Problem nachhaltig gelöst.
Kriege produzieren keine Lösungen, sondern nur Särge!
Doch auch die »vaterlandslosen Gesellen« von einst scheinen das moderne Säbelrasseln zu lieben, weil sie augenscheinlich in die militärische Definition ihrer Politik verliebt sind. Unglaublich – und auch deprimierend.
In ihrem Buch »Die Waffen nieder!« schreibt Berta von Suttner, die Partnerin von Alfred Nobel: *»Niemand käme auf den Gedanken, Tinte mit Tinte, Farbe mit Farbe abzuwaschen. Nur Blut, das soll immer mit Blut abgewaschen werden.«*
Werner Mitsch brachte es auf diesen Punkt: *»Immer wenn Tölpel einen Krieg vom Zaun brechen, muss das Vaterland Schmiere stehen.«*

Der ehemalige Bundeskanzler Gerhard Schröder überraschte die deutsche Öffentlichkeit und die Welt mit seinem kategorischen »Nein« zum Irakkrieg. Aber waren es wirklich nur humanitäre Gründe, wie er es uns glauben machen wollte? Und sind darum z. B. Italien, Spanien und andere Länder respektive ihre Regierungen inhuman, weil sie Soldaten in den Irak sandten? Schröder hat das getan, was ein richtiger Bullfighter kann, nämlich »vorlaut« sein! Damit hat er sich Gehör verschafft – vor allem in der deutschen Politik in einer innenpolitisch äußerst schwierigen Lage. Er verlagerte die innenpolitische Kritik an seiner Regierung mit seinem »Nein« auf die Außenpolitik und kanalisierte damit jede Kritik über ihn in die Rubrik »Friedenskanzler«. Was das Ausland über ihn und sein »Nein« sagte und urteilte, blieb der deutschen Öffentlichkeit weitestgehend fremd. Und dass der amerikanische Präsident nicht mal mehr mit ihm telefonieren wollte, nun ja, dafür, so ließ er über Sprecher verlauten, kommen auch keine Särge mit deutschen Soldaten zurück. *»Deutschland zieht nicht in den Krieg!«*, rief er engagiert auf vielen Massenveranstaltungen und im Deutschen Bundestag. Das war ein wahltaktisch hervorragendes Kalkül, weil viele aus der Generation noch leben, die den Zweiten Weltkrieg mitgemacht bzw. erlebt haben. Dieses Image wird von Schröder bleiben. Er war vorlaut. Und es hat gut getan. Er hat damit sein Ziel erreicht – wenn auch mit anderer Wertung als Bush.

1.2 Aus dem Arbeitsleben

Mobbing, Intrigen, Gerüchte usw. sind nichts weiter als Bullfighting-Waffen, um irgendwelche Mitarbeiter loszuwerden. In aller Regel sind das Waffen, die ganz bewusst und gezielt eingesetzt werden. Diejenigen Fälle, in denen Menschen beteiligt sind, die von Natur aus z. B. Intriganten sind, sind so selten oder so häufig wie Drüsenkrankheiten bei Dicken, was als Grund für deren Vollfettheit stets angeführt wird. Aber alle diese Waffen sind wirksam und perfide. Solche Mittel als Betroffener nachzuweisen, ist außergewöhnlich schwierig und in den meisten Fällen unmöglich. Selbst die Superdicken sind mit ihrer vorgeschobenen Begründung »Drüsen« kaum angreifbar, es sei denn, jemand äußert frech und direkt: »*Am besten, Sie füttern Ihre Drüsen mit FDH (Friss die Hälfte ...!)*.«

Auch wenn einige Verkaufsleiter und Manager es noch so bestreiten, der »legale Betrug« ist im Verkauf an der Tagesordnung. Das viel zitierte »Gewinner-Gewinner-Prinzip« ist zumeist Etikettenschwindel. Denn das funktioniert nur dann, wenn beide es wollen. Will (oder muss!) aber ein Partner verkaufen um jeden Preis, will also einer »siegen«, dann wird das »Sieger-Verlierer-Prinzip« praktiziert. Es werden Halbwahrheiten dargestellt, wichtige Informationen verschwiegen, mündliche Zusagen gemacht, aber nicht gehalten, es wird gelogen, betrogen, Vertrauen erschlichen, es werden Inhalte verdreht usw. Im September 2006 wurde in Bayern ein unvorstellbarer Skandal bekannt unter dem Begriff Gammelfleisch. Im Prinzip gab es Betrügereien schon immer, doch diesmal waren alle Verbraucher überrascht und empört, wer da alles mit wem unter einer Decke steckte und warum sich die Verantwortlichen gegenseitig die Schuld in die Schuhe schoben. Doch man nenne irgendeine Branche, in der es Betrug nicht gibt.

In der Bauwelt z. B. sind es die »Fassadenhaie«. Sie bieten Privatbauherren an, die Fassade ihres Hauses zu einem enorm günstigen Quadratmeterpreis zu renovieren – im Vergleich zu einem seriösen Innungsbetrieb ein supergünstiges Angebot. Wer hier zugreift, greift allerdings voll »ins Braune«, denn die Schlussrechnung liegt wesentlich über der des Innungsbetriebs, und eine Garantie gibt es auch nicht. Was wurde gemacht? Der Quadratmeterpreis war zwar geringer, aber z. B. alle Nebenarbeiten, Randleisten, Profile usw. wurden nur per lfdm (laufende Meter) angeboten – dreimal so teuer wie die Mitbewerber.

Haustürgeschäfte, Geschäfte mit Gebrauchtwaren (Kfz usw.) wurden gesetzlich »verbraucherfreundlich« geregelt. Die Gesetze waren allerdings noch nicht beschlossen, da fanden sich interessante Lücken, um in den neuen Schläuchen weiterhin den alten Wein zu verscherbeln. Und selbst Fachleute sind immer wieder überrascht, wie kreativ und schnell Betrüger ihre Fallen aufstellen. Die modernste Falle heißt heutzutage natürlich Internet und Abzockenummern. Der Betrug, das Abzocken leichtgläubiger Konsumenten, wird zunehmend imaginärer. Früher hatte der Betrüger eine Adresse, ein Gesicht, ein Image. Heute weiß man mitunter gar nicht, wer einen da betrogen hat. Wo wohnt und agiert der Finsterling? Rechte und Ansprüche durchsetzen wollen: Fehlanzeige.

Klar, das ist eine Zeiterscheinung. Aber es ist auch unsere Zeit – und darum werden diese Erscheinungen zu- und nicht etwa abnehmen. Auch für Ganoven gilt das Geschäftsprinzip: Wer nicht mit der Zeit geht, geht mit der Zeit.

Darum ist oftmals das Gerede von einer »heilen Geschäftswelt« schlicht dummes Zeug. Die Frage entsteht also, was man selbst machen kann, machen sollte und dann auch macht. Diese Frage muss jeder für sich selbst beantworten. Und wer es sich leisten kann, muss sich mit dieser Frage überhaupt erst gar nicht beschäftigen. Glückliche Zeitgenossen! Wo sind sie? Gehören Sie dazu?

Ganoven, gleich welcher Art und Couleur, sind als »Feinde« zu betrachten.

Bullfighting ist eine wirksame Waffe gegen diese üblen Zeitgenossen – ohne selbst zum Betrüger zu werden. Salopp gesagt: Ein Panzer ist nur so lange sicher, wie er nicht auf einen anderen stößt! Denn Bullfighter zu sein heißt keinesfalls, automatisch auch ein Betrüger zu sein. Es heißt, wehrhaft zu werden. Dazu ein einfaches Beispiel:

Da gibt es einen Vorgesetzten, der stets und mit geifernder

Lust (!) Mitarbeiter »abbürstet«. Ein Vorgesetzter eben, aber keine Führungskraft! Solche Fälle werden uns immer und immer wieder geschildert. Das Problem für diese Leute ist, dass man einem solchen Vorgesetzten nicht aggressiv, lautstark und besserwisserisch begegnen kann – aus unterschiedlichen, aber auch verständlichen Gründen.

»Was tun?«, sprach Zeus, *»die Götter sind besoffen ...!«*

Es wäre weltfremd, sogar naiv, einem Mitarbeiter zu empfehlen, stets diesem Vorgesetzten Kontra zu geben, was das Zeug hält. Damit liefert man die Munition, mit der man letztlich selbst »erschossen« wird, weil die Begründung des Vorgesetzten für die Personalabteilung einleuchtend ist *(»aggressiver, renitenter Mitarbeiter, der nicht am Erfolg der Firma interessiert ist ...!«)* usw.

Ein versierter Bullfighter dagegen arbeitet und agiert nur mit Fragen, weil er sich beherrschen kann: *»Was spricht dagegen, Herr Chef, dass wir dennoch ...?«, »Was können wir tun, damit das XY nicht eintritt?«, »Herr Chef, wie können Sie das, was ich zum Nutzen der Firma vorschlage, konkret umsetzen?«*

Einige Teilnehmer sagten uns: *»Schön, aber dann antwortet er und schmeißt mich aus dem Raum!«*

Einerseits:

Ein wirklich guter, entschlossener Verkäufer kann zwar aus dem Haupteingang geworfen werden, er kommt aber durch den Hintereingang wieder zurück.

Zudem andererseits:

Es muss nicht unbedingt mit einem »Sieg« enden. In den meisten Fällen ist die Beglückung wichtig, etwas getan zu haben, womit der Vorgesetzte nicht gerechnet hat, etwas zu demonstrieren, dass man wehrhaft ist, sich nicht alles gefallen lässt, dass man ernst zu nehmen ist und dass man zu denen gehört, die dem Unternehmen nützen.

1.3 Aus dem privaten Bereich

Unerschöpflich ist das Reservoir des privaten Bereichs, aus dem Bullfighting-Beispiele geschildert werden können. Darum wird das Kapitel klein gehalten.
Für den privaten Bereich seien deshalb nur einige platte Beispiele herausgegriffen. Generationen spotteten über die böse Ehefrau, die mit dem Nudelholz spätabends in der Tür steht und den angetrunkenen Ehemann erwartet.
Kaum eine Büttenrede im Karneval oder ein Witzblattteil einer Zeitung, in der oder dem nicht die Ehefrau verspottet wird. Die Schwiegermutter – natürlich – war und ist das häufigste Ziel des Spotts. Doch auch die lieben Nachbarn, der Hausmeister, der Bäcker usw. sind oft in den Karikaturen die nervigen Teile eines Zusammenlebens.
So weit, so (nicht!) gut.
Wer allerdings mit fiesen Bullfightern im privaten Bereich Bekanntschaft gemacht hat, z. B. im Rahmen einer Scheidung, einer Verleumdung, einer Verdächtigung, einer Klage usw., kann über solche Scherze nicht mehr lachen. In aller Regel sind diejenigen die Benachteiligten, die auf das falsche Spiel ihrer Mitmenschen reingefallen sind, es nicht erkannt haben – oder, viel schlimmer, nicht die Fähigkeiten hatten, sich zu wehren, es mit gleicher Münze heimzuzahlen oder *»auf einen Schelm anderthalbe ...«* zu setzen (Goethe-Zitat).
Sie alle haben verloren.
Vielleicht mag man Bullfighting unanständig finden. Aber was bleibt den Zeitgenossen, die keine Wahl haben?
Mit vermeintlichen »Weisheiten« von Konfuzius, dem chinesischen Gelehrten, lässt sich trefflich Spott treiben: *»Schon Konfuzius sagte, ein Schweißfuß kommt selten allein!«* Oder: *»Es ist besser, eine Kerze anzuzünden, als im Dunkeln zu sitzen!«*

Dazu dieser Hinweis:
In unseren Bullfighting-Seminaren erleben wir es immer wieder: Zunächst überwiegt die Skepsis, ob solche Methoden mit der eigenen Moral vereinbar sind. Dann jedoch folgt die Erkenntnis, dass man diese Methoden nicht zwangsläufig und unkontrolliert anwenden muss. Es ist einfach wichtig, etwas zu kennen und zu beherrschen, das dafür geeignet ist, sich nicht hinters Licht führen zu lassen, sich nicht »klein machen« zu lassen, sich zu wehren – auch und gerade gegen scheinbar übermächtige Gegner. Also die Gewissheit hilft, eine Waffe zu haben, mit der man sich erfolgreich wehren kann. Es muss wahrlich nicht für den ganz großen Sieg reichen. Doch das ist wichtig:

Man verliert die Schwäche der Hilflosigkeit!

Vergleichen wir das doch mit einem Zeitgenossen, der nächtens durch ein gefährliches Viertel gehen muss. Allein zu wissen, dass er etwas hat, womit er sich bei einer Attacke wehren kann (Messer, Gasrevolver, Spraydose usw.), stärkt die eigene Sicherheit und baut das Selbstbewusstsein auf. Das äußert sich wiederum im Auftreten, in der Körpersprache und in der Rhetorik, die von vermeintlichen Gegnern dann als »Wehrhaftigkeit« und »Vorsicht« erkannt wird.

Der Transfer zum persönlichen Bereich ist einfach. Denn die anderen, die Gegner, die Feinde, müssen und werden erkennen, dass man nicht mehr einfach hilflos ihren Attacken und Unverschämtheiten ausgeliefert ist *(»Vorsicht! Der Typ ist gefährlich. Der wehrt sich!«)*.

2.

Das Konzept

2.1 Zum Konzept aus Ziel, Strategie und Taktik

Jedes Konzept besteht stets aus einem Ziel, der Strategie und der Taktik. Wer eine entscheidende Verhandlung oder einen wie auch immer gearteten »Fight« vor sich hat und dazu bemerkt, dass »... *die Taktik, wie ich vorgehe, schon klar ist* ...«, befindet sich mit einem Bein auf der Verliererstraße.
Ohne Konzept als Bullfighter zu agieren, ist darum so gefährlich, weil man sehr schnell auf die emotionale Ebene gerät und ... Fehler macht. Das passiert selbst Profis. Ein Beispiel: Im Endspiel der Fußball-WM im Juli 2006 rastete der französische Starspieler Zinedine Zidane plötzlich aus und stieß dem italienischen Spieler Marco Materazzi mit voller Wucht seinen Kopf in dessen Bauch. Warum? Keine Körper-Fouls oder sonstige Aggressionen waren vorher zu erkennen, dennoch geschah dies für die Fußballwelt Unfassbare. Die Folge war die rote Karte. Aus der Traum vom Titelgewinn für einen der weltbesten Spieler – und letztlich seiner Mannschaft.
Später wurde bekannt, dass ganz offensichtlich der italienische Spieler die Mutter und Schwester des Franzosen, der aus Algerien stammt, mit äußerst üblen Bezeichnungen beschimpft

haben soll, was dieser vehement bestritt. Noch etwas später gab es eine merkwürdige »Einigung« beider Spieler zu dem, was tatsächlich gesagt wurde. Welches Detail stimmt und welches nicht, ist in diesem Zusammenhang uninteressant. Hier geht es darum, dass jemand die Schwachstelle seines Gegners – die »Siegfriedstelle« – gefunden und schamlos ausgenutzt hat. Gehen wir einmal davon aus, dass der Spieler Zidane ein Konzept mit Ziel, Strategie und Taktik hatte. Sein Ziel war es, hervorragend zu spielen, um den WM-Titel zu gewinnen. Seine Strategie war seine Position in der Mannschaftsaufstellung. Seine Taktik war es, entsprechende Vorlagen seinen Mitspielern zu geben und / oder selbst zu schießen. Perfekt gemacht also. Und doch hat dieses Konzept nicht funktioniert. Es hatte eine entscheidende Schwachstelle. Und wo lag diese? Sie lag, wie so oft bei Verlierern, auf der emotionalen Beziehungsebene, nicht im strategischen oder taktischen Bereich.

Dieses Beispiel muss eine Warnung für alle Bullfighter sein. Ein Konzept muss »wasserdicht« sein. Das ist es aber nur, wenn man selbstkritisch mit seinen eigenen Schwachstellen umgeht, wenn man sie erkennt und wenn man sie beherrschen kann.

Greifen wir darum nochmals das obige Beispiel heraus und fragen Sie sich, mit welchen Äußerungen, Beleidigungen oder welchem üblen Verhalten Sie »aus der Bahn geworfen werden« ... können. Nehmen wir also einmal an, dass Sie emotional sehr ungehalten dann reagieren, wenn man Ihnen unhöfliche und auf unfaire Weise bestimmte Äußerlichkeiten vorhält (lange Haare, offenes Hemd, schlampige Hosen, schlechte Zähne, Dreitagebart, Bierbauch usw.). Nun kann man sich zwar vornehmen, solche Bemerkungen geflissentlich zu überhören – aber eben nicht immer! Steter Tropfen höhlt den Stein. Es wird nach ständiger Wiederholung und fortwährendem Wechsel in der Unsachlichkeit einen Punkt geben, wo Sie so genervt sind, dass Sie emotional reagieren, vielleicht auch ausrasten. Besonders schlimm ist es dann, wenn der Gegner diese spitzen Bemerkungen geschickt in seiner Argumentation »verpackt« bzw. anhängt.

Ein Beispiel:

»Es gibt ja, Herr Kollege, eine ganze Reihe von Punkten, die von Ihnen falsch dargestellt wurden. Ich erwähne als Beispiel nur Ihre Irrtümer bezüglich der Abrechnung vom 21. Juni des Jahres. Man kann dazu nur das sagen, was man auch zu Ihrer Kleidung sagen muss, nämlich schlampig.«

Wer auf diese Bemerkung reagiert, indem er sich solche Bemerkungen einfach verbittet, hat noch nicht begriffen, dass er längst auf des Gegners Leim gekrochen ist. Dieser kann nämlich jetzt die folgenden Angriffe auf eine scheinbar neutrale Ebene bringen: *»Ich nehme Ihren Protest zur Kenntnis. Zumindest bemühe ich mich! Aber vergessen wir trotzdem nicht, dass oft die innere Haltung mit dem schlampigen Äußeren korrespondiert!«*

Richtige Reaktion wäre: gar keine – wenn man siegen will. Bestenfalls kann man sagen: *»Schlampig ist in!«* Wirkungsvoll ist es auch, dem Gegner Recht zu geben und dann einfach weiterzumachen: *»Ja, Sie haben Recht. Und jetzt zum nächsten Punkt.«* Oder ganz einfach: *»Davon verstehen Sie nichts!«*

Wenn nun der eine Leser oder die andere Leserin einwendet, dass man sich solche Unverschämtheiten doch gar nicht bieten lassen muss, dass man sofort diesem Treiben Einhalt gebieten muss, dass man sich doch nicht so »zum Würstchen machen lassen sollte«, der muss an das Ziel seines Konzepts erinnert werden.

2.2 Zielformulierung: WAS wollen Sie erreichen?

In einem Seminar »Verhandlungstechnik« erzählte uns ein Teilnehmer folgende Geschichte:
Vor einigen Jahren war er bei einem Studienkollegen eingeladen, der eine vierjährige Tochter hatte, die – was nicht ungewöhnlich ist – gern und viel plapperte. Für einen Erwachsenen kein Problem – dachte er ... und das dachten sicher andere auch. Doch es kam anders. Dieses kleine Mädchen gab sich nicht mit einem scheinbaren Ergebnis zufrieden, sondern stellte eine für den Erwachsenen zunächst lustige, dann jedoch letztlich nervige Frage hinter jedem Schlusssatz: *»Und dann?«* Sie wollte also stets wissen, welche Konsequenzen die eine oder die andere Sache hatte. Wie ging es weiter? Aber wer denkt darüber schon nach? Doch die Antworten, so der Teilnehmer, wurden immer dünner. Er hatte fast den Eindruck, dass diese Nachfragerei dem Kind Spaß machte, ja es sogar noch ermunterte weiterzufragen. Letztlich gab es die erlösende Antwort der Mutter: *»Und dann ... dann war die Prinzessin so müde, dass sie ins Bettchen musste und sofort einschlief ...! Und das muss jetzt meine kleine Prinzessin auch.«* Das Ergebnis wird nicht überraschen: Das Kind bettelte darum, noch wach bleiben zu dürfen, und als die Mutter dennoch konsequent blieb, gab's ... na, was wohl? Tränchen.

Wir diskutierten dieses scheinbar täglich-banale Beispiel im Seminar mit der ebenfalls einfachen Frage: *»Was sagt, was lehrt uns dieses Beispiel?«* Schnell war klar, dass ganz offensichtlich niemand eine nervige Nachfragerei mochte, wenn er sich ein Ziel gesteckt hatte. Denn schließlich konnte man mit dieser Frage *»Und dann?«* aufdecken, dass derjenige sich keine Gedanken über die Konsequenzen gemacht hatte – das Ziel war nicht zu Ende gedacht! Würden die meisten Rechtsstreitigkeiten mit der Zielfrage als Konsequenz durchdacht, gäbe es weniger Prozesse. Ein Nachbar, der sich über seinen Nachbarn ärgert, der zu oft auf dem Balkon grillt und die Umgebung belästigt, verklagt diesen nach dem Motto: *»So geht das nicht. Das ist verboten. Dem werde ich es jetzt mal zeigen!«*

Und dann?

Wenn er Recht bekommt, verliert er einen Nachbarn, der möglicherweise auf Rache sinnt. Die Eskalation ist vorprogrammiert. Wenn er jedoch verliert, eskaliert die Sache auch, denn er fühlt sich gedemütigt und sinnt ebenfalls auf Rache.

Heißt also, dass auf die Frage *»Und dann?«* die Konsequenzen nicht durchdacht waren.

Es ist wahnsinnig schwer, sich von eigenen Emotionen zu lösen, die uns zu einem Ziel bewegt haben, um Alternativen entwickeln zu können. Darum ist die Zielfrage stets die am schwierigsten zu beantwortende Frage. Sie »stört« quasi das Rachegefühl, die Vergeltungsabsicht, die Schadenfreude oder was auch immer. Machen Sie die Probe aufs Exempel. Ein Kollege will, mit mehr oder weniger Wut im Bauch, beim Chef eine bestimmte Forderung durchsetzen. Sie hört sich aus dem Munde des Kollegen auch plausibel an. Dennoch stellen Sie die Frage: *»Und dann?«* Zunächst wird der Kollege vielleicht etwas verwirrt sein und mit Maßnahme XY, die er dann ergreifen werde, antworten. Doch sicher schon bei der zweiten, vielleicht erst bei der dritten Nachfrage *»Und dann?«* wird er ungehalten, möglicherweise auch sauer: *»Was soll diese blöde Fragerei ›und dann‹?«* Warum wird er ungehalten? Weil Sie »stören«! Sie stören den scheinbar schönen roten Faden, Sie stören seine Strategie, mit der er ein Ziel erreichen wollte. Nebenbemerkung: Darum sind Nachbereitungen nach Kundenbesuchen mitunter so schwierig, weil ein Verkäufer eingestehen muss, dass er Fehler gemacht hat – und wer macht das schon gerne? Also werden Berichte, die sich auf den Nichterfolg beziehen,

»ein bisschen geschönt«, die Schuld ein wenig verteilt; schließlich haben andere ja auch Schultern. Und wie war noch mal die christliche Sache mit der Schuld und dem ersten Stein werfen, wer da ohne sei ...?

Von großer Bedeutung ist auch die Formulierung von Teilzielen. Zunächst ist es legitim, dass man versucht, eine Maximalforderung durchzuboxen – z. B. eine Forderung, die man gerichtlich erstreiten will. Nun weiß jedoch jeder, dass Recht haben und Recht bekommen zwei Paar Stiefel sind. Darum ist es ratsam, Teilziele zu formulieren. Wie weit gehe ich, wo ist Schluss, auf welchen Kompromiss lasse ich mich (notgedrungen) ein (wenn z. B. die Gegenseite ein unverhofftes »Kaninchen aus dem Hut zaubert«), bei welchem Ergebnis gehe ich in die Berufung usw.?
Dazu ein wichtiger Hinweis: Schreiben Sie sich Ihre Zielvorstellung auf, formulieren Sie Ihr Ziel auf einem Blatt (mit Teilzielen) – und Sie werden erleben, dass es umso schwieriger ist, ein Ziel zu formulieren, je leichter Ihnen die Sache scheint, je mehr Sie glauben, im Recht zu sein, oder je sicherer Sie sich glauben, den Streit zu gewinnen. Versetzen Sie sich doch einmal in die Lage Ihres Gegners. Was will er erreichen? Na, was wohl? Aber wie erfährt man das?
Advocatus Diaboli – das ist der Anwalt des Teufels. Er hatte seinen Platz in der römischen Kurie (Sitz der päpstlichen Zentralbehören). In der katholischen Kirche wird diese Rolle beim Prozess der Heiligsprechung einem Kardinal übertragen, der Bedenken und Gründe gegen die Heiligsprechung eines Frommen (Seligen) geltend zu machen und vorzutragen hat. Im Gegensatz dazu war der Advocatus Dei der Anwalt Gottes. Das ist in aller Regel ein hoher kirchlicher Würdenträger, der als Fürsprecher des Heiligzusprechenden fungierte.
Dieses Prinzip wurde u. a. auch bei politischen Entscheidungsträgern angewendet. So ist von Napoleon bekannt, dass er selbst in die Rolle des Advocatus Diaboli schlüpfte, um die Ar-

gumente der Diplomaten und Entscheidungsträger an anderen Höfen zu erforschen. Ähnlich ging auch Friedrich der Große (»der Alte Fritz«) vor. Ihm war wichtig, was die Diplomaten am österreichischen und französischen Hof gegen seine Maßnahmen und Argumente vortragen könnten. Entsprechend machte er somit seine eigenen Verhandler argumentativ stark, weil die sich auf Gegenargumente einstellen und hervorragend kontern konnten. Man weiß aber auch aus den Beschreibungen vom Alten Fritz, dass gerade diese Vorgehensweise bei seinen eigenen Diplomaten gefürchtet war. Schließlich ließen sich damit in trefflicher Weise die Schwachstellen der meist adeligen Diplomaten offen legen – und wer hätte das auch damals schon als angenehm empfunden?

Das ist keineswegs nur Geschichte. Denn auch in heutigen Tagen wenden bestimmte Unternehmen diese Methode an, um gegenüber dem Wettbewerb im Vorteil zu sein. Jeder Leser kann sich nun vorstellen, dass solche Methoden unbeliebt sind. Es sind genügend Fälle bekannt, wo Verkäufer und auch Verkaufsleiter gegen solche Maßnahmen protestierten (»Kinderkram«, »überflüssig«, »Zeitverschwendung« usw.). Daraus entwickelten sich übrigens ganz interessante Varianten. So gibt es z. B. Softwareunternehmen, die ihre von Spezialfachleuten geschriebene und millionenteure Software sofort in den Müll werfen, wenn sie von Zwölfjährigen nicht auf Anhieb verstanden werden. Versetzen Sie sich nur mal spaßeshalber in die Situation des hoch bezahlten Leiters einer mit großem Aufwand produzierten Software, die anschließend von halbwüchsigen Kids als »zu schwer«, »uncool« oder »unbrauchbar« eingestuft wurde ...

Leser, die sich für das systematische Vorgehen mit kreativen Methoden des Streitens vertraut machen wollen, sei mein Buch »CRASH-COACHING, die C.-C.-Methode des kreativen Streitens und der Problemlösung« empfohlen.*

* Wirtschaftsverlag Langen Müller/Herbig, ISBN 3-7844-7273-7, 257 Seiten.

Wie man es auch dreht und wendet: Wer eine wichtige Aufgabe zu lösen hat, eine entscheidende Verhandlung erfolgreich bestehen muss, einen widerlichen Streit für sich entscheiden will, kommt nicht darum herum, sich in die Lage des anderen zu versetzen. Am besten funktioniert das, wer einen Vertrauten hat, der (oder die) die Rolle des Advocatus Dei übernimmt. Dabei sollte man jedoch mit System vorgehen, ohne allerdings – salopp gesagt – eine Doktorarbeit zu schreiben. Aus dem oben genannten Konzept kann das Abwehrkonzept entwickelt werden, ebenfalls nach Ziel, Strategie und Taktik. Zu den Konzeptpunkten sollten nun die eigenen Positionen benannt, und sodann sollte vom »Spielgegner« die Gegenposition erfragt werden.

Abwehrkonzept

	Selbst	**Gegner**
Ziel	bekannt	wirklich bekannt? Kompromiss wo?
Strategie	hart oder / und flexibel	Gegenstrategien?
Taktik	abgestimmte Taktiken Reaktionstaktiken Wie weit gehen wir?	erwartete Taktiken unerwartete Taktiken

Die Zielformulierung allerdings hat ihre Tücken. Wer als Ziel angibt, in einem Prozess »zu gewinnen«, muss wissen, dass die Gegenposition genauso lautet. Daraus lassen sich keine alternativen Strategien und Taktiken ableiten. Wer z. B. an einem Projekt arbeitet, welches er verkaufen will, und als Ziel

benennt: viel Geld verdienen, der muss wissen, dass die Gegenposition lautet: kein Geld vorhanden, Geld sparen usw. Als Ziel müsste z. B. formuliert werden: dem definierten Verbrauchersegment A in der Zeiteinheit B mit dem Vertrieb C das Produkt X zu einem Preis Y anbieten, um das erkannte Bedürfnis Z zu befriedigen.
Aus einer solchen Formulierung lassen sich viele konstruktive Gegenfragen ableiten und aus unerwarteten Antworten neue Teilziele postulieren – vielleicht ist sogar eine Zielüberarbeitung erforderlich. Nochmals, das Ziel muss sehr konkret benannt bzw. formuliert werden. Das hat noch nichts mit den Vorgehensweisen eines Bullfighters zu tun. Mit der Strategie und den Taktiken lassen sich alle Paletten des menschlichen Verhaltens, der fairen und unfairen Kommunikation, anwenden. Der beste Verbündete eines Bullfighters ist sein Geist; der größte Feind sein Bauch.

2.3 Strategie: WIE wollen Sie das Ziel erreichen?

Als junger, in Sachen faire und unfaire Dialektik noch relativ unerfahrener Bauingenieur hatte ich es oftmals mit Bauunternehmern der »alten Garde« zu tun. Damit ist gemeint, dass diese dem Klischee entsprachen, dass die Bauwirtschaft eine »harte Branche« sei – schon der Sprache wegen. Sie betraten entschlossen einen Verhandlungsraum und ... polterten eindrucksvoll los. Was anderes schienen sie offenbar nicht zu können, als bei jedem Widerspruch zu schreien und zu kreischen.
Zugegeben, es hat mich damals beeindruckt. Doch je öfter ich dieses Verhalten erfuhr, umso wirkungsloser verpuffte das Gebrüll. Und als ich mir einmal vornahm, nur ganz leise zu sprechen (ich konnte selbst auch gut brüllen und war auf Baustellen dafür bekannt; Handys gab's noch nicht!), war es vollends

aus mit der Selbstbeherrschung einiger Unternehmer und deren Vertreter. »*Arroganter Schnösel*« war noch eine harmlose Titulierung. Und eine Drohung wurde gleich hinterher geschoben: »*Wir werden den Bauherrn und Ihre Dienststelle über Ihr unverschämtes Verhalten informieren!*« Doch schon damals wusste ich, dass eine Drohung die preiswerteste Form einer Manipulation ist – verwendete ich diese doch selbst sehr häufig. Wer allerdings eine Drohung nicht wahrmacht, gilt schnell als »Papiertiger«. Wie gesagt, ich war noch unerfahren.

Das bedeutete, dass ich noch nicht vertraut war mit der kommunikativen Unterscheidung von Information und Mitteilung. Eine knallharte Information musste auch knallhart vorgetragen werden – so dachte ich damals. Ein Bullfighter allerdings weiß, dass eine sehr harte, unangenehme Information am besten »weich« vorgetragen wird. Damit vernebelt er seine Absichten. Es gilt klar die Umkehrung. Eine weniger wichtige, eher schwache Information erfordert ein hartes Verhalten in der Mitteilung – Brüllen nicht ausgeschlossen. Was soll diese Strategie? Vernebeln, Unsicherheit beim Gegner erzeugen.

»Rein in die Kartoffeln, raus aus den Kartoffeln« – bestimmt kennen Sie diesen Spruch, dem jemandem zugeordnet wird, der scheinbar nicht weiß, was er will, und ständig seine Positionen wechselt. Unangenehme Leute – fürwahr. Darum gibt es auch Argumentationstechniken, die einzig und allein darauf ausgerichtet sind, letztendlich durch die Begründungen Recht zu haben. Diese müssen aber ebenfalls beherrscht werden – weil es durchaus sein könnte, dass die Strategie des »argumentativen Kreisens« irgendwann sein Ende findet.

Zunächst aber ist es wichtig, dass der Bullfighter seine Gegner quasi »schwindelig argumentiert«. Das bedeutet, dass er keineswegs den letzten Schluss der Weisheit vorträgt, im Gegenteil. Eine Argumentation muss nicht zu Ende geführt werden, sondern der Bullfighter kann selbst Schlussfolgerungen produzieren, sie wieder verwerfen, neue einführen, eigene Beweise schaffen und wieder alles infrage stellen als eine Strategie der Verwirrung. Natürlich wird das irgendwann erkannt und gegeißelt. Aber erstens muss man diese Strategie zunächst einmal durchschauen, und zweitens wartet der Bullfighter schon mit einer neuen Strategie auf: logisches Argumentieren mit »echten« Argumenten.

Der aufmerksame Leser wird jedoch schnell erkennen, dass es hervorragende Möglichkeiten der Überschneidungen und damit der Manipulation gibt zwischen »argumentativem Kreisen« (also keine letztendliche Schlussfolgerung ziehen, ständig neu argumentieren mit neuen Zielen, dazu selbst Beweise schaffen) und »logischer Schlussargumentation« (Zielargumentation mit echten Argumenten).
Hört sich alles ein wenig kompliziert an – ist es aber gar nicht.

Zunächst einmal verstehen wir unter einem »echten Argument« eine Behauptung mit einer Begründung. Dabei wird davon ausgegangen, dass ein Gesprächspartner die Behauptung akzeptiert, wenn ihm die Begründung einleuchtet. Das heißt aber vice versa noch längst nicht, dass die Behauptung wahr sein muss. Und weil die Gefahr bestehen kann, dass andere das erkennen, begründet man die Begründung nochmals – mit einer Begründung. Das ist übrigens die übliche Vorgehensweise im täglichen Leben. Jeder von uns behauptet etwas, begründet das – und, damit andere es auch begreifen, schieben wir noch eine Begründung nach.
Beispiel:
»Frau Rundneuer wird mit ihrer Werbeaktion beim Handel keinen Erfolg haben, weil niemand dafür im Markt einen Bedarf sieht. Wir haben das vor Jahren schon getestet.«
Eine schlüssige Argumentation? Zunächst einmal ist es jetzt

wichtig, dass die Fragetechniken beherrscht werden, denn hier muss nachgefragt werden – doch entscheidend, wo und an welchem Punkt nachgefragt wird. Und darum gilt ein ganz wichtiger Grundsatz in der »kreisenden und logischen Argumentation«, dass stets die Begründung mit Fragen anzugreifen ist – und nicht die Behauptung! Doch die meisten setzen der Behauptung sofort und unmittelbar eine Gegenbehauptung entgegen. Das Ergebnis ist, dass sich die Parteien nun die unterschiedlichen Behauptungen wechselseitig »um die Ohren schlagen«. Damit jedoch wird kein Fußbreit Terrain gewonnen. Erst das Auseinandersetzen, die Erschütterung der Begründungen, bringt den Gewinn. Die Regel heißt also:

Greifen Sie stets die Begründung an – nicht die Behauptung!

Im obigen Fall hieße das:

Behauptung: Frau Rundneuer wird mit ihrer Werbeaktion beim Handel keinen Erfolg haben.

Begründung: Niemand ... sieht dafür im Markt einen Bedarf.

Begründung der Begründung: Wir haben das vor Jahren schon getestet.

Mit Fragen lassen sich jetzt alle noch so gut gewappneten Gegner »über die Klinge« hüpfen:

»Wen und was verstehen Sie konkret unter ›niemand‹?«

»Wen und was grenzen Sie ein bezüglich Markt und was bei Bedarf?«

»Warum kann man einen Bedarf nicht wecken?«

»Wie sah die Studie vor Jahren aus? War das eine repräsentative Studie (Auftragsstudie, frei finanzierte Studie etc.)? Wenn ja, welche Probanden, welche Populationen, welche Methode, welche Kontrollen, welche Befragungskriterien, wer ...?« Usw. Gerade mit der Forderung zum Nachweis, mit welcher Studie das untersucht wurde, wie diese Studie konzipiert war und wie sie durchgeführt wurde, lässt sich bestens gegen viele Behauptungen argumentieren.

Mit solchen Fragen kann der Bullfighter nahezu alle Gegner aushebeln. Er selber kann jedoch die Strategie des »argumentativen Kreisens« weiterverfolgen oder erneut anwenden. Die Gegner müssen erst einmal die Regeln von Vorgehensweisen kennen, die geeignet sind, den anderen auszuhebeln. Vor allem sind die meisten verwirrt, wenn der Bullfighter seine eigene Logik und Schlussfolgerungen aufstellt:

»Dass Asbeststaub schädlich ist, stimmt nicht. Mein Opa, ein Dachdecker, hat über 40 Jahre damit gearbeitet und ist 86 Jahre alt geworden.«

Sie werden sicherlich dieses Argument mit den Fragen nach Begründungen und Folgen erschüttern können *(»Wie alt wäre er geworden, wenn ...? Wie hat er damit gearbeitet? Wie begründen Sie die Tatsache, dass es Hunderttausende Asbestopfer und Tote gibt?«* ...)

Noch ein Beispiel:

»Dass Lateinkenntnisse für die Ausübung des Arztberufs unerlässlich sind, zeigt sich schon daran, dass zum Studium nur zugelassen wird, wer über entsprechende Kenntnisse verfügt.«

Für die Leser kein Problem, denn zu erkennen ist, hier »beißt die Katze sich in den Schwanz«. Es wird also die Behauptung mit der Begründung in einem Satz argumentativ verbunden – quasi mit »weil«. Doch auch hier gilt wieder, dass die Begründungen anzugreifen sind. Die Behauptung lautet: »... *Lateinkenntnisse sind für die Ausübung des Arztberufs unerlässlich* ...« Das »weil« entsteht mit der Begründung: »(weil) ... *zum Studium wird nur zugelassen* ...« (*»Was verstehen Sie unter ›entsprechende ... Kenntnisse‹? Was geschieht, wenn ...?«* Usw.).

Und wie finden Sie den?

»Herr Müller ist ein guter, ein christlicher Mensch. Er spendet regelmäßig für die Armen und engagiert sich ehrenamtlich in der Gemeinde.«

Soso. Wissen die anderen, dass Herr Müller ein Pädophiler ist ...? Und Steuern hinterzieht? Warum spendet er? Warum engagiert er sich ehrenamtlich?

Und noch einer:

»Viele Gewerkschaftsfunktionäre sind keine Vertreter, sondern Verräter der Arbeitnehmerschaft und der Arbeitslosen, weil sie die Erneuerung der sozialen Marktwirtschaft bekämpfen.« (FDP-Chef Guido Westerwelle, April 2004) Tja, auch der wortgewaltige FDP-Chef wird bei einem Bullfighter wenig ausrichten können, denn der kennt die Tricks, Maschen und Vorgehensweisen seiner Gegner.
Und falls die eigenen Schlussfolgerungen infrage gestellt werden und nach Beweisen, nach Studien etc. gefragt wird, so wende man die LGG-Methode an (siehe Abschnitt 4.5), also man streiche Leim aus, führe ihn sodann aufs Glatteis und geleite den Delinquenten zur Guillotine.

Leim: *»Herr Kollege, darf ich Ihnen auch eine Frage stellen?«*
Glatteis: *»Würden Sie eine Studie der Zigarettenindustrie lesen, welche die Gefährlichkeit des Rauchens relativiert bzw. verharmlost?«*
»Unter Umständen schon!«
Guillotine: *»Und so sehen dann auch Ihre Argumentationen aus bezüglich der Sache XY. Es wäre Ihnen dringend zu empfehlen, etwas selbstkritischer an solche diffizilen Sachverhalte ranzugehen, über die wir hier sprechen. In Zukunft erbitte ich mehr Logik!«*

Die Strategien für einen Bullfighter haben eine entscheidende Aussage: Man mache es anders als die anderen! Und die »anderen«, das sind die, die glauben, dass mit Anstand und gutem Benehmen alles erreichbar sei. Das hört sich mit Sicherheit nicht angenehm für viele an, aber das ist die Welt, in der wir leben, das ist die Welt der Bullfighter. Das ist im Prinzip keine Erfindung unserer Tage. 50 Jahre ist es her, seit Bert Brecht starb. Und er formulierte einen Satz, der gerade in der heutigen Zeit an Aktualität nichts verloren hat und den Bänker absolut nicht gerne hören:

Was ist unmoralischer, eine Bank auszurauben oder eine Bank zu gründen?
Vor laufender Kamera befragt, äußerten Spitzenbänker, *dass das ja damals eine ganz andere Situation gewesen sei!* usw. Das ist richtig. Damals gab es noch die Spur einer Moral. Heute werden »Bankkunden« nur rein auf ihre ökonomische Tauglichkeit eingestuft – Rating nennt man das auf Neudeutsch. Und weil Banken damit und mit anderen Methoden Milliarden verdienen, benötigt man weniger Personal. Also: Entlassung von Tausenden. Ist Brecht heute unmodern?

»*Ich habe Ihnen meinen Kopf vermietet, nicht meinen Hintern!*«, äußerte selbstbewusst ein leitender Mitarbeiter vor versammelter Mannschaft dem Big Boss auf seine grollend-wütende Frage, warum er zum Meeting nicht pünktlich sein könne. Wer pünktlich ist und die vereinbarten Termine einhält, der hat einen guten Ruf und ist ein »Partner« – so die gängige Meinung.
Ein Bullfighter geht einen anderen Weg. Wer pünktlich ist, ist auch ein Anpasser, einer, den man berechnen kann. Er macht darum genau das Gegenteil, er ist unpünktlich und bringt sogar Termine in Gefahr – was immer er als Argument zur Verspätung ins Feld führt (Verkehrsstau, Hausbrand, Familienmitglied gestorben usw.). Vor allem zerrt er an den Nerven der Wartenden, z. B. in einer bevorstehenden Verhandlung. Und er denkt auch nicht daran, ein angenehmes Verhandlungsklima zu schaffen, aufzufallen und/oder andere zu Wort kommen zu lassen. Dazu ein Beispiel:
In einem Supermarkt fragt ein Kunde einen Verkäufer, der gerade etwas einräumt, wo denn der Kaffee zu finden sei. Mürrisch, kaum aufblickend und mit einer eher abwertenden Handbewegung verweist der Verkäufer den Kunden in eine andere Ecke. Mal ehrlich, verehrte Leser. Wer hat da schon einmal opponiert, sich lautstark beschwert? Wer war wirklich

»vorlaut«? Beobachten Sie einmal, was da so täglich geschieht. Die meisten Menschen empfinden das zwar als unhöflich, möchten aber so schnell wie möglich diese Situation wieder verlassen, ihr entrinnen. Zivilcourage ja, selbstverständlich ja, aber ... nur keinen Ärger. Druck erzeugt ja bekanntlich Gegendruck, und wenn man erst mal anfängt, wer weiß, was dann ...! Usw.
Viele Mitarbeiter, die in eine Verhandlung mit Kunden und ihrem Chef eingebunden sind, denken und handeln so.

Ein Bullfighter denkt und handelt anders. Er hat keine Angst vor dem Druck. Außerdem weiß er, dass allzu angenehme Verhandlungssituationen oftmals schlechte Geschäfte zur Folge haben. Die Frage ist nur, auf welcher Seite ein ausgebuffter Bullfighter zu finden ist. Dazu ein Beispiel:
Der Verhandlungsführer A war als Bullfighter bekannt. Man wusste von ihm, dass er auf dem Klavier der psychologischen Kriegführung virtuos spielen konnte – kurzum, er kannte so ziemlich alle »Spielchen«. Anlässlich einer Verhandlung über hohe Abschlagszahlungen hatte er es mit dem Kaufmännischen Leiter B eines Bauunternehmens zu tun – den er nicht kannte, weil ihm stets nur der Technische Leiter gegenübersaß, und diesem war er rhetorisch und taktisch haushoch überlegen. Zunächst begann das übliche Ritual: warten lassen! Im schlecht belüfteten Konferenzraum wurden warme Getränke und lauwarmer Kaffee gereicht. Nach zehn Minuten kam die Sekretärin wieder rein und sagte, dass »*Herr Dr. Müller (A) gleich käme; er müsse nur noch eben die chinesische Handelsdelegation verabschieden*«. Dann »erschien« A in der Tür, wurde jedoch sofort von einem Mitarbeiter zurückgezogen und in ein Gespräch verwickelt. Was jetzt erfolgte, war bühnenreif. Der Kaufmännische Leiter B ließ eine Kaffeetasse fallen, erhob seine Stimme und sagte laut, jedoch betont langsam: »*Was ist das eigentlich für ein schlechtes Benehmen von Ihnen? Wir sind keine*

Bittsteller! Wenn dieses Hinhalten der Maßstab Ihres Handelns ist, dann haben wir auch ein paar Überraschungen für Sie!« Völlig irritiert und etwas von »Pardon« blubbernd, setzte A sich an den Tisch. Doch wenige Sekunden darauf klingelte sein Handy (auch ein Trick) und ... er beantwortete den Anruf. Wie auf ein Kommando stand die Gegenseite B auf und verließ den Raum. Damit hatte er nicht gerechnet. Er nahm an, dass die andere Seite etwas von ihm wollte und damit unter Druck zu setzen sei. Was er nicht wusste, dass der Kaufmännische Leiter B selbst ein ausgebuffter Bullfighter war und solche Spielchen kannte – und bestens parieren konnte. Die Seite B wurde gebeten, doch wieder in den Raum zu kommen. Peinlich. Aber vor allem hatte sich Seite A mit diesem Versuch in eine psychologisch schlechte Situation begeben, denn nun wandte B stets die Taktik »auf Fehlern rumreiten« an.
Klar, dass die Gegenseite B ihre Abschlagszahlung zugesprochen bekam – mit Zahldatum!

Es gibt auf dem Gebiet der psychologischen Kriegführung ein unerschöpfliches Reservoir an Möglichkeiten, den Gegner in eine unangenehme Situation zu bringen (siehe Kapitel 4). Auch die Frage der Höflichkeit und des Gesprächsbereichs aller Beteiligten, Vorbereitungszeiten der Gegenseite usw. gehören für einen Bullfighter in den Bereich des Unnötigen. Im Gegenteil, Verhandlungsspielräume engen die eigenen Chancen ein, sagt er, und »*Höflichkeit ist eine Zier, doch weiter kommt man ohne ihr*«. Zudem ist es ihm nicht wichtig, was andere über ihn denken – und außerdem ist er dann besonders höflich, wenn es ihm nutzt! Und lange Vorbereitungszeiten der anderen und eine strenge Tagesordnung sind für den eigenen Erfolg nur schädlich. Es fehlt nur noch, dass man stets sachlich und faktenorientiert in Verhandlungen ist und sich sogar auch noch für Fehltritte etc. entschuldigt. Ein Bullfighter ist ein Zeitgenosse, der nur an sich selbst glaubt und über sich selbst richtet. Andere haben nicht das

Recht dazu! Und Vertrauenswürdigkeit, Ehrlichkeit, Ethik und Solidität in Verhandlungen zu demonstrieren ist nur dann sinnvoll, wenn es der Sache nützt. Lügen, falsche Fährten legen und betrügen? Es ist alles erlaubt, man darf sich eben nur nicht erwischen lassen. Und wenn man erwischt wurde, nun denn, dafür haben die anderen ja das Instrument der Entschuldigung geschaffen – klar für Bullfighter. Sonst benötigte man es ja nicht!

Die Leser erkennen, dass es im Grunde um die Umkehrung geht. Was andere für gut und recht empfinden, gilt für den Bullfighter nur so lange, wie es ihm nützt. Er kann sich von moralischen Verpflichtungen ebenso schnell trennen wie von einem schmutzigen Hemd. Kontakte knüpfen und pflegen? Prima, aber wozu? Sie sollen doch Nutzen bringen, wozu sind sie sonst nutze? Und wenn kein Nutzen mehr entsteht, was nützen ihm dann noch diese Kontakte? Natürlich, ein Bullfighter ist nicht so dumm, dass er keine Versprechungen abgibt. Aber diese sind zumeist taktisch ausgerichtet. Denjenigen, so der Bullfighter, möchte ich mal sehen, der für alle Zukunft Versprechungen machen und diese dann auch einhalten kann. Natürlich kann man das tun – in guter Absicht. Aber wenn sich auch nur geringe Voraussetzungen oder Bedingungen ändern, tja, dann muss man eben etwas Neues machen. Also, alles halb so wild, Versprechungen zu machen. Man muss lediglich ein paar Randbedingungen einbeziehen, und schon ist man zukünftig aus dem Schneider. Denn ändern sich diese Randbedingungen (und die ändern sich, wenn die Versprechung nicht mehr nützt!), dann ist man auch nicht mehr an die Versprechung insgesamt gebunden. *(»Ich würde wirklich gerne ..., aber mir sind heute die Hände gebunden, leider. Diese Änderung war damals wirklich nicht vorauszusehen.«)*
Die Strategiefrage »WIE soll das Ziel erreicht werden?« beantwortet sich damit nach der **»aaa-Formel«**, d. h. anders als ande-

re. Dabei darf das Verhalten an sich nicht verräterisch sein. Äußerlich wird sich ein Bullfighter, wenn möglich und nötig, stets den gesellschaftlichen Regeln anpassen. Wie gesagt, äußerlich!

2.4 Taktik: Mit welchen MITTELN wollen Sie das durchsetzen?

Unter Taktiken kann man schlicht »Maßnahmen« verstehen. Eine Strategie ist quasi der Treppenlauf, um zwei Geschosse zu überwinden. Als Taktiken kann man die Treppenstufen bezeichnen. Da und dort werden die Begriffe sprachschluderig verwechselt. Ein guter Stratege muss also kein guter Taktiker sein – und umgekehrt. Wenn es darum geht, Maßnahmen zu finden, um einen Gegner schachmatt zu setzen, sind viele in ihrer Kreativität unerschöpflich. Und nicht selten überformen die Taktiken jeden Gedanken an eine Strategie, die ein Ziel beschreiben muss. »*Dem werde ich es zeigen. Ich werde nämlich Folgendes tun …!*« Usw. Na ja, wenn es dem Heißsporn hilft. Kann ja sein. Von Bullfighting jedenfalls versteht jener so viel wie eine Kuh vom Sonntag. Doch es ist immer und immer wieder die alte Feindschaft zwischen Geist und Bauch. Es ist ja emotional so schön, ja so glückshormonerzeugend, sich vorzustellen, wie der andere verliert, wie er schmachtet, wie er ins Gras beißt – oder zumindest ins Treppengeländer. Doch diese Gefühle überformen die Ratio, die nun mal zum Denken unerlässlich ist. Eine Unterscheidung ist freilich gestattet. Wenn es jemandem darum geht, einen anderen »eins auszuwischen«, dann muss kein Konzept und keine groß angelegte Strategie her, sondern es langen ein paar handfeste Taktiken. Die Leser finden darum in Kapitel 4 (Die Waffen) eine Anregung, was ein Bullfighter alles tun könnte, um ein definiertes Ziel zu erreichen.

3.

Die Techniken

Ein überzeugender Bullfighter muss die Techniken beherrschen, die eine eindrucksvolle Persönlichkeit ausmachen: sicheres Auftreten, wirkungsvolle Körpersprache, ausdrucksvolle Mimik und Gestik sowie Stimmgewaltigkeit. Und er muss herrschen können, er muss mit diesen Elementen düpieren, also täuschen können zum eigenen Vorteil. Gewisse schauspielerische Fähigkeiten sind nicht nur von Nutzen, sondern unbedingt erforderlich. Wenn der Zöllner Sie an der Grenze fragt: *»Haben Sie etwas zu verzollen, Zigaretten oder Alkohol?«*, und Sie antworten mit hochrotem Kopf: *»Nein«*, weil ihr Kofferraum ordentlich mit ebendiesen Dingen gefüllt ist, dann müssen Sie entweder noch recht lange üben, oder Sie wenden dieses Manko als eine »Fähigkeit« an, die andere nicht haben. Also, ein Profilügner wird nicht mehr rot im Gesicht. Er kann es auch nicht künstlich erzeugen. Redet und argumentiert er allzu glatt, kommt das vielen verdächtig vor. Man denke an den wortgewandten Versicherungsvertreter, der auf jede Frage eine (vorher trainierte) Antwort parat hat. Sobald aber jemand einen Fehler durchblicken lässt und argumentiert, dass *»... man das schlicht vergessen hat oder nicht weiß ...«* usw., dabei auch noch einen roten Kopf bekommt, dem glaubt man eher. *»Das ist eine ehrliche Haut, ein guter Mensch, der betrügt nicht!«* – so glauben viele Zeitgenossen.

3.1 Verbale und nonverbale Wirkungselemente

»Der Körper lügt nicht!« Eine dümmere Aussage ist gar nicht so schnell greifbar. Und wie schön man mit dem Körper lügen kann! Genau darum ist ja auch in der deutschen Gerichtsbarkeit der Lügendetektor nicht zugelassen. Witzig ist er schon, aber die Ergebnisse sind so wertvoll wie die Horoskope in Boulevardblättern. Bereits in den 20er-Jahren des vorigen Jahrhunderts wurde der Grundstein für eine solche Erkenntnis gelegt. Damals wurden in den Ford-Werken der USA Experimente durchgeführt, um Erkenntnisse über die Arbeitseffektivität zu erlangen. Heraus kam dabei, dass sich Menschen sehr oft »hypothesenkonform« verhalten, wenn sie als Versuchspersonen eingesetzt wurden. »Hawthorne-Effekt« nannte man das (von E. Mayo). Salopp gesagt: Versuchskaninchen-Effekt. Auch heutzutage ist das noch ein Riesenproblem in der empirischen Forschung. Den Beweis kann jedermann im TV sehen und hören. Da gibt es Blödelsendungen, in denen ein Reporter auf der Straße Passanten völlig Bescheuertes fragt – und die Befragten geben unbewusst eine bescheuerte Antwort.

Wer also in einem Gespräch aus einem Zucken der Augenbrauen, aus Schweißperlen auf der Nase, feuchten Händen usw. »Erkenntnisse« gewonnen haben will, den lasse man. Und zwar im Irrglauben.

Aber stopp! Irrglauben heißt ja auch, dass es Irre gibt und den Glauben. Wenn es also so ist, dass es Zeitgenossen gibt, die an solche »Signale« glauben und danach handeln, ähnlich wie jene Einfaltspinsel, die an Illustriertenhoroskope glauben und danach handeln, dann kann man das ja auch einsetzen, um die anderen zu täuschen oder in eine bestimmte Richtung zu »führen«. Also es geht dabei wirklich nur um Ihre Überzeugungskraft. Es geht nicht um die Tatsache oder gar die Wahr-

heit an sich. Man nutzt quasi nur die Blödheit der anderen aus, ohne dass diese es merken. Dabei spielt die Zeit zum Nachdenken eine große Rolle. Wer viel Zeit hat, kann viel nachdenken. Und viel nachdenken heißt, auf vieles zu kommen, was verborgen bleiben sollte. Wurde darum **vor** dem Nachdenken entschieden, ist es in den meisten Fällen passiert. Was nützt es Ihnen, wenn Sie vom Hof des Händlers mit dem soeben vertraglich erworbenen Gebrauchtwagen fahren und im Rückspiegel sehen, wie dieser eine Flasche Champagner öffnet?
Es geht also ganz klar um die Täuschung. Oder um die Wahrheit. Oder um beides. Oder um eine perfide Mischung. Wer weiß das schon von Ihren Feinden?

3.2 Mimik, Gestik und Kinesik

Mimik

Menschen mit einer freundlichen Mimik gewinnen in aller Regel Vertrauen. Das ist ein wesentliches Geheimnis z. B. von Finanzdienstleistern. In einem Baumarkt beobachtete und belauschte ich, wie ein Verkäufer einen Motor-Rasenmäher verkaufen wollte. Der Kunde und seine Frau standen vor ihm und hörten zu. Der Verkäufer war ganz offensichtlich eine »ehrliche Haut«. Er beschrieb die Vor- und Nachteile so, wie sie waren. Der teure Mäher war etwas lauter, konnte aber mehr, und der leise Mäher konnte eigentlich nicht das, was die Käufer wollten. Mittlerweile muffig schaute der Verkäufer stets auf die Produkte und gab nach der Vorführung den Qualitätshinweis: *»Tja, Sie müssen wissen, was Sie wollen!«* Das wussten die beiden jetzt. Sie bedankten und verabschiedeten sich, gingen und informierten sich beim Wettbewerb. Akkurat stellte danach der Verkäufer die angepriesenen Produkte wieder dahin, wo sie vorher standen. Mit Preisschild. Dieser Verkäufer war eine ganz ehrliche Haut. Ein wahrer Gewinn für den Unternehmer ...?

Ein Bullfighter beherrscht seine Mimik und setzt sie zielgerichtet ein. Unterscheiden wir darum drei grobe Grundformen:

Die freundliche / zustimmende Mimik

Hier geht es darum, den Kontrahenten in Sicherheit zu wiegen. Und das wird dadurch erreicht, dass man während seinen Ausführungen dieses mit einem wohlwollenden Lächeln und eventuellem Kopfnicken (oder anderen Stimuli) unterstützt. Andere Stimuli wären z. B. das Heben der Augenbrauen, Stirnrunzeln, den Kopf hin und her zu wiegen, kurze Bemerkungen wie: »*Aha, soso, toll!*« usw. – ohne sich auf diese Bemerkungen einzulassen.
Die Dosierung ist dabei wichtig – nicht zu offensichtlich unterstützen. Das merkt der Gegner. Mischen Sie Ihre Mimik mit den folgenden Grundformen. Der Grund des Einsatzes einer freundlich-zustimmenden Mimik ist, dass Sie den Gegner veranlassen weiterzureden. Er soll sich in Sicherheit wiegen. Eine trügerische Sicherheit allerdings. Denn wer viel redet, bietet viel Breitseite. Und in die kann man bekanntlich besser schießen als in das Längsschiff. Und niemand kann so gut reden, als dass er nicht einen Fehler macht. Hier gilt es aufzupassen, den Fehler herauszufinden, um auf ihm herumzureiten.

Übungshinweis:
Üben Sie die Techniken dieser Mimik in der täglichen Praxis, also beim Gespräch mit dem Nachbarn, im Büro, im Betrieb und wo auch immer. Lächeln Sie freundlich – und halten Sie Ihren Mund! Sie werden sehen, wie schwer das ist. Aber es ist eine gute »Trockenübung«. Verzichten Sie auch zunächst auf den Triumph, Ihrem Übungskontrahenten zu zeigen, wie gut Sie sich beherrschen können. Wenn Sie wirklich gut werden

wollen, müssen Sie selbst eine hohe Disziplin wahren – und das ist nicht immer einfach. Vor allem dann ist es schwer, wenn man glaubt (oder glaubt zu wissen), dass man dem anderen überlegen ist – worin auch immer. Denken Sie daran: Abgerechnet wird stets zum Schluss.

Die neutrale / ausdruckslose Mimik

Mit dieser mimischen Ausdrucksform will man verwirren. In unserer westlichen Kultur sind wir so »programmiert«, dass wir eine Antwort erwarten, wenn wir etwas fragen. Und auch die Antwort, so unsere Erwartungshaltung, sollte dem Nutzen der Frage entsprechen. Jemand, der fragt: *»Können Sie mir bitte sagen, wie spät es ist?«*, wird die Antwort erwarten: *»Es ist xy Uhr!«* Antwortet jedoch der Befragte: *»Ja, ich kann!«*, entsteht eine Irritation.
Darum:
Immer wenn wir der Erwartungshaltung eines anderen nicht entsprechen, entstehen Verwirrung, Ratlosigkeit, Hilflosigkeit und Unsicherheit. Das muss mit der neutralen / ausdruckslosen Mimik erreicht werden. Jemand trägt Ihnen z. B. einen Sachverhalt vor, von dem dieser annimmt, dass Sie ihn billigen oder missbilligen – abzulesen an Ihren verbalen und nonverbalen Reaktionen. Doch stattdessen sagen und zeigen Sie mimisch nichts. Das ist so ungewöhnlich, dass man Sie darauf ansprechen wird. Und jetzt Vorsicht! Ihre Antwort muss z. B. lauten: *»Prima, machen Sie bitte weiter!«* Lassen Sie sich nicht nötigen, einen Sachkommentar abzugeben, nur weil der andere verwirrt ist.
Seine Verwirrung ist ja Ihr Ziel!
Verwirrung schafft Platz für Ordnung. Für *Ihre* Ordnung!

Die unfreundliche / böse Mimik

Ganz klar, unfreundlich-böse dreinzuschauen heißt konkret, nicht einverstanden zu sein mit dem, was der andere sagt oder vorschlägt. Oder sind Sie es vielleicht doch? Und der andere weiß es nicht? Oder er erkennt es nicht, weil er Ihre grimmige Mimik als Ablehnung seiner Vorschläge interpretiert. Oder wollen Sie Ihr Gegenüber nur verunsichern, um Vorteile auszuhandeln, um neuen Verhandlungsspielraum zu gewinnen? Dann haben Sie ein gutes Beispiel für Bullfighting geliefert.
Diese Situation kennen viele:
Sehr gut vorbereitet hat sich ein Mitarbeiter auf das Gespräch mit dem Chef zum Thema »Gehaltserhöhung«. Der Termin wurde vereinbart, der Mitarbeiter erscheint und argumentiert sachlich und wohl überlegt. Gegen diese seine Argumentation kann kaum ein Chef dieser Welt ankommen – so mag er glauben. Bis auf diesen einen Chef. Der schaut unbeweglich, nahezu grimmig drein, keine mimischen Regungen verraten seine innere Einstellung, er schaut einfach nur unfreundlich aus. Und so sitzt er auch da. Unnahbar, nach hinten gelehnt, den Abstand vergrößert, die Arme verschränkt, den unfreundlichen Blick starr auf den Mitarbeiter gerichtet. Er hört zu. Er hört unwidersprochen zu. Kein Kommentar. Das kennt der Mitarbeiter von seinem Chef nicht. Und das irritiert und verunsichert ihn. Irgendwann glaubt er, dass er völlig zu Unrecht seine Forderungen an diesen Chef stellt. Durch diese Art hat ihn der Chef in die psychische Lage gebracht, sich plötzlich schuldig zu fühlen, weil er etwas fordert, welches ...! Aber genau das ist der Trick. Der Mitarbeiter soll sich schuldig fühlen. Unabhängig vom Ausgang des Gesprächs. Selbst wenn er z. B. eine Gehaltserhöhung bekommt, soll dieser üble Nachgeschmack beim Mitarbeiter als folgende Warnung bleiben: Nicht noch einmal!

Gestik

Mimik, Gestik und Aussage müssen eine Einheit bilden, sie müssen erkennbar zusammengehören. Die Gestik muss stets der Vorläufer einer Aussage sein, niemals der Nachkömmling – so steht es in den Bibeln der Prediger dieser Religion. Ein Beispiel dazu. Jemand sagt: »*Dort sehen Sie die Ergebnisse fehlerhaften Handelns!*« Er zeigt zuvor mit ausgestrecktem Arm und der Hand auf das Ergebnis und redet diesen Text, hofft, dass alle dorthin schauen. Aber beide Ausdruckselemente verdoppeln sich nicht, sondern sie ergänzen sich nur. Eine wirksame Verdoppelung ergibt sich dadurch, dass der Redner laut und emotional seinen Text spricht und ein bis zwei Sekunden später demonstrativ mit ausgestrecktem Arm auf das Objekt zeigt. Mit einem weiteren »*Da sehen Sie nur!*« hat er alle Aufmerksamkeit seiner Umwelt.

Bullfighter müssen sich zur Überzeugung außergewöhnlich einprägsame Gestiken aneignen. Von der geballten Faust über den senkrechten Handschlag bis hin zur Präzisierung als Ring mit dem Daumen und Zeigefinger müssen Sie sehr prägnante Gestiken einüben. Mit Gesten muss und soll man natürlich auch bewusst täuschen können. Wer z. B. die Aussage eines anderen während seiner Rede mit abwehrenden Gesten kommentiert, kann den Redner erheblich stören und ihn aus dem Konzept bringen. Das ist ja auch im Grunde das Frappierende. Während man verbale Aussagen mit den gleichen Mitteln beantworten kann, geht das bei nonverbalen Aussagen, also z. B. Gesten, kaum. Wer z. B. ein Argument vorträgt, muss im Allgemeinen reagieren, wenn sein Gegenüber den Kopf schüttelt, die Mundwinkel nach unten zieht, die Augen verdreht usw. Der Argumentierende wird fragen, was er klären kann. Sein Gegner blockt ab und sagt: »*Machen Sie zunächst bitte weiter!*« Das war dann ein ganz wichtiger Schritt zur Verunsicherung. Man kann jedoch auch sein Gegenüber in Sicherheit wiegen,

indem man, während es argumentiert, dessen Argumente scheinbar unterstützt, z. B. durch Kopfnicken, Augenbrauenheben, lächelnde Mimik, Bestätigen mit dem Zeigefinger usw. Nun fühlt der Gegner sich in Sicherheit. Doch statt dass er nun auch verbal die Argumentation bestätigt, kontert dieser mit einem knallharten *»Nein! So ist das nicht! Ihre Ausführungen waren interessant, aber falsch!«*. Klar, dass der Getäuschte nun nach Gründen fragt; er befindet sich in der Reaktion. Der Gegner bekommt dadurch die Möglichkeit, in die Offensive zu gehen. Er kann jetzt alle rhetorischen Register ziehen und sein Gegenüber nahezu kinderleicht in Widersprüche verwickeln.
Der Körper spricht, auch wenn man nichts sagt. *»Wir Menschen«*, so der berühmte Kommunikationspsychologe Paul Watzlawick, *»können nicht nicht kommunizieren. Wir kommunizieren immer.«* Und dann gibt es den ebenso wichtigen Grundsatz in der Kommunikation:

Entscheidend ist nicht, wie etwas gemeint war, sondern wie es ankommt!

In der positiven, verstehenden Kommunikation sind diese Grundsätze quasi die gültige »Religion«. Für Bullfighter auch, aber anders. Sie werden umgedreht, pervertiert. Man will selbst kontrollieren und bestimmen, wie etwas ankommt. Denn was gemeint war, ist unwichtig. Die Lüge ist das Gegenteil von Wahrheit. Die Düpierung mit dem Nonverbalen ist das Gegenteil von gemeinsamem Verstehen.

Dazu ein Zitat:

> *»Die feinste aller Listen besteht darin, sich geschickt so zu stellen, als ob man in die Falle ginge, die einem gelegt wird: Denn niemand wird so leicht getäuscht, als wer einen anderen zu täuschen glaubt.«*
>
> La Rochefoucauld, (François, Herzog von, 1613–1680, französischer Schriftsteller, Moralist), in: Reflexionen

Wer Bullfighting wirkungsvoll betreiben will, muss also mit der Mimik, Gestik und seiner Körpersprache überzeugend täuschen können. Sehr häufig machen wir automatisch bestimmte Gesten zu Beschreibungen. Beispiel: Beschreiben Sie bitte eine Wendeltreppe. Oder: Wie isst man Suppe mit einem Löffel? Üben Sie, Gesten zu zeigen, die scheinbar nicht zum Gesprochenen gehören. Beispiel: Beschreiben Sie einen Kreis. Mit Ihrer Gestik zeigen Sie jedoch ein Viereck. Oder: Sprechen Sie über die Zahlen von Eins bis Zehn und zeigen Sie mit Ihren Fingern andere Zahlen, also sagen Sie: *»Fünf und fünf ist zehn.«* Sie zeigen aber zunächst sechs Finger und dann fünf. Oder Sie verwirren dadurch, dass Sie sechs Finger zeigen und dann vier. Bei dieser Übung müssen Sie ganz natürliche Reaktionen überwinden – und das auch noch ohne Schmunzeln durchführen. Bierernst – sozusagen. Jeder wird schnell merken, dass es gar nicht so einfach ist, mit Gesten zu täuschen. Eine gute Übungsmöglichkeit besteht darin, diese Gesten vor einem großen Spiegel zu trainieren und erforderlichenfalls zu modifizieren. Wirkungsvoller und effizienter ist jedoch die Aufnahme mittels einer Videokamera und Darstellung über einen TV-Monitor oder Beamer.

Kinesik

Die Kinesik ist die Körpersprache (Duden-Definition: gr.-nlat., Wissenschaft, die sich mit der Erforschung nichtverbaler Kommunikation befasst). Darin enthalten sind natürlich auch Mimik und Gestik. Alle Ausdrucksformen gehören zusammen und bilden eine Einheit. Auch hier gilt für Bullfighter die Kenntnis über die Grundformen und die Möglichkeiten, damit zu täuschen.
Beispiel:
Ein Verkäufer trägt Ihnen ein Produkt vor. Sie sitzen in der offenen Körperhaltung, und diese signalisiert, dass Sie »offen« sind. Wer täuschen will, um z. B. den Verkäufer zu verunsichern und ihn zu Preiszugeständnissen zu zwingen, der wechselt in die verschlossene Haltung. Aus dieser entnimmt der Verkäufer, dass Sie seinem Angebot ablehnend gegenüberstehen. Dass Sie im Grunde das Produkt erwerben wollen, bleibt dem Verkäufer verborgen. Sie verunsichern ihn durch eine körpersprachliche Aussage, die Ablehnung signalisiert, unterstreichen dieses wirkungsvoll mit abwertenden Gesten und einer eher verächtlichen Mimik. Nur wirklich erfahrene und geschulte Verkäufer fallen auf ein solches Manöver nicht mehr herein. Erfahrung aber ist die Summe aller Irrtümer. Und selbstverständlich haben auch mal die Zwölfender und Platzhirsche irgendwann angefangen – und sich täuschen lassen.
Nehmen Sie ein praktisches Beispiel. Sie haben eine Betriebsprüfung. Und Sie haben noch etwas, nämlich einige Dinge zu verbergen. Da hockt er nun, der eher unterbezahlte Typ, und studiert Ihre Akten, stellt Fragen, verlangt Auskünfte und Nachweise. Wer wäre da nicht bemüht, ein glaubwürdiges Klima zu schaffen? Alles wird freundlich und ausführlich beantwortet. Bloß nicht auffallen! Kaffee und Kuchen stehen bereit. Auf solche trüben Spielchen fallen die heutigen, modernen Be-

triebsprüfer mit Sicherheit nicht mehr rein. Da muss man sich schon etwas anderes einfallen lassen.
Beispiel:
Ein Kleinunternehmer war seit seiner Verselbstständigung vor 15 Jahren nicht geprüft worden. Wenngleich ein Steuerberater die Vorlagen zum Finanzamt stets sorgfältig vornahm, gab es eine Reihe von Ungereimtheiten. Durch den Umzug in eine andere Stadt konnten sich Steuerberater und Unternehmer für die übliche Mandantenbetreuung nur noch telefonisch abstimmen. Zur Betriebsprüfung jedoch stimmten Sie sich ab – und wie! Die Steuerprüfung im Büro des Unternehmers nahm ihren Lauf. Aber es hakte überall, überall. Auch die Kaffeemaschine war defekt. Mal waren diese, mal waren jene Unterlagen nicht zu finden. Letztlich jedoch tauchte alles auf, was gefordert wurde. Und ständig gab es telefonischen Kontakt mit dem Steuerberater. Dann kam es zur Schlussbesprechung. Und es fehlte der Nachweis einer Verbuchung über 30 000 Euro Eingang – und natürlich auch die entsprechende Steuerzahlung. Diese Einnahme jedoch war auf einem anderen Konto zu finden, welches früher als Privatkonto galt. Aber es war ordnungsgemäß erfasst, und Steuern wurden dafür bezahlt. Diesen Nachweis hielt der Unternehmer jedoch – verabredungsgemäß – zurück. Da drohte der Steuerberater telefonisch, das Mandat niederzulegen. Natürlich auch verabredungsgemäß. Ein Chaos wäre ausgebrochen. Der Prüfer lenkte ein, wohl auch, um einen weiteren hohen Verwaltungsaufwand für einen geringen Fall zu ersparen, und plötzlich fand der Unternehmer den Nachweis über die besagte Summe. Entnervt genehmigte der Prüfer strittige andere Ausgaben. Man ließ ihm einige unwichtige Posten, damit er seiner vorgesetzten Dienststelle auch einen »erfolgreichen Vollzug« melden konnte. Eine ganz wesentliche Sache jedoch, die dem Unternehmer große Probleme hätte bescheren können, hatte der Prüfer im Wirrwarr übersehen.

Zusammenfassung

Die nonverbale Kommunikation ist ein exorbitant wichtiges Element des Bullfighters. Es geht darum, dass die Grundformen der körpersprachlichen Aussagen (Mimik, Gestik, Kinesik) beherrscht werden müssen. Das sollte aber kein Problem sein, weil man doch mit diesen Aussagen der Erwartungshaltung des Gegners entsprechen will. Wer unzufrieden ist, runzelt die Stirn, zieht die Mundwinkel zusammen, schüttelt den Kopf usw. Damit signalisiert man seine eigene Einstellung. Im Bullfighting gelten andere Regeln. Es geht darum, den anderen zu täuschen, indem man seiner Erwartungshaltung entweder nicht entspricht oder sich so verhält, als ob man zustimmen würde – in Wirklichkeit aber die eigene konträre Meinung quasi »schussbereit« hält und zum richtigen Zeitpunkt »abfeuert«. Diese Vorgehensweise ist überall möglich, bei Kollegen, beim Chef, beim Kunden usw. – und oft sogar vor Gericht! In den meisten Fällen gilt also die **a-a-a-Regel**: anders als andere. Üben Sie sich auch in diesen Techniken.

Zur Erinnerung noch einmal zu den bereits genannten hier weitere, einfache Beispiele:

Es fragt Sie jemand: *»Bitte, wissen Sie, wie man am besten zum Bahnhof kommt?« – »Ja, das weiß ich!«*, und Sie lächeln und gehen weiter. Wenn Ihnen dieses Beispiel banal vorkommt, dann stimmen Sie mit dem Autor überein. Doch zugleich wird auch bewiesen, dass es eben gar nicht so einfach ist, einer Erwartungshaltung **nicht** zu entsprechen. *»Du hast zu antworten, wenn du gefragt wirst!«*, hämmerten in unserem Kulturkreis Generationen ihren Kindern ein. Das war die Erwartung.

Das drehen Sie mal so einfach um. Gar nicht so einfach ...

3.3 Kampfeinsatz der Stimme

Vor einigen Jahren ließ ich von einem Seminarteilnehmer eines Rhetorikseminars folgenden Text laut vorlesen: *»Die Jugend ist hier vertreten und das Greisenalter. Kein Stand, kein Beruf blieb bei der Einladung unberücksichtigt. Ich kann also mit Fug und Recht sagen: Dies ist ein Ausschnitt aus dem ganzen deutschen Volke – stimmt das?«*

Sodann bat ich die (zumeist jungen) Teilnehmer, diesen Text zu kommentieren, zu verändern bzw. wirksamer zu gestalten. *»Mich reißt das nicht vom Hocker!«* – war eine Aussage. Ein anderer meinte: *»Klingt nach einem Politiker, der will und nicht kann!«* Ein anderer meinte gar: *»Das kann man sagen, wie man will, da kommt keine Überzeugung rüber!«*

Und dann spielte ich die Tonaufnahme dazu vom Februar 1943 ein, als der Propagandaminister Goebbels im Berliner Sportpalast seine berüchtigte Rede zum totalen Krieg hielt. Aber nur kurz, auf ebendiesen Text bezogen, um keine Missverständnisse aufkommen zu lassen! Die Älteren mögen noch wissen, welche verheerende, manche sagen kriegsverlängernde Wirkung diese Rede hatte. Goebbels notierte sich übrigens am Manuskriptrand, wann und wie lange die Zuhörer in frenetischem Jubel ausbrachen. Und er notierte in sein Tagebuch: *»Hätte ich sie (die Zuhörer) aufgefordert, aus dem Fenster zu springen, sie hätten es getan.«*

Wohlgemerkt, es geht jetzt und hier nicht um politische Auffassungen, sondern um die Wirkung einer Kampfrede, denn die gab es auch in der Nachkriegszeit. Wer nach Gründung der Bundesrepublik Deutschland die Debatten um die Wiederbewaffnung (Bundeswehr) und andere hochpolitische Themen noch kennt, weiß, was gemeint ist. Aber auch in unserer Zeit gibt es Beispiele: In der SPD sollte Rudolf Scharping Vorsitzender werden – es war alles gerichtet. Da trat Oskar Lafontaine an, hielt vor den frustrierten Genossen eine flammende Kampfrede und ... wurde SPD-Vorsitzender. Wie ein Esel stand Scharping da – wer kennt die TV-Bilder nicht? Scharping hatte mit Sicherheit nicht die schlechteren Argumente. Aber Lafontaine hatte die bessere rhetorische Kampfkraft. Mittlerweile setzt Lafontaine seine unbestritten hervorragende Rhetorik politisch noch weiter links ein. Und Scharping ist Vorsitzender vom Drahtesel-Club.

Entscheidend ist nicht nur, *was* man sagt, sondern *wie* man es sagt!

Menschen, die mit einer großen emotionalen Überzeugungskraft »in den Ring steigen«, hält man eher für nüchterne Technokraten. Die Kampfrede lebt also nicht nur von Inhalten und Argumenten, sondern vor allem von der Emotionalität, mit der sie vorgetragen wird. Doch in den meisten politischen Parteien, in Vorstandsetagen, in juristischen Kreisen usw. gilt es nahezu als Fauxpas, emotional zu reden statt nüchtern und sachlich.
Für einen Bullfighter gilt: Die Mischung macht's! Nur rhetorisch-emotional aufzutreten ist ebenso unsinnig, wie nur langweilig-sachlich zu argumentieren.
Das stimmlich-rhetorische Spektrum ist natürlich sehr, sehr groß. Und nur wenige Zeitgenossen beherrschen alle Felder dieses Spektrums. Der Bullfighter sollte darum die Gegensätze beherrschen:

- langsam – schnell (die Sprechgeschwindigkeit in einem Satz zu ändern)
- laut – leise (die Phonzahl der eigenen Rede zu modifizieren)
- hoch – tief (die Stimmlage noch während eines Satzes zu ändern)
- flüssig – stockend – flüssig (die zu sprechenden Worte flüssig, dann stockend und wieder flüssig vorzutragen)

Üben Sie das. Schauen Sie sich z. B. einen Teil der TV-Nachrichten an. Schalten Sie den Fernseher aus und tragen Sie die Nachrichten so vor, wie Sie es emotional tun würden – also raus aus der Sachlichkeit. Zeichnen Sie das mittels einer Kamera auf. Und kommentieren Sie solche Nachrichten. Versuchen Sie dabei, die oben genannten Techniken einzusetzen. Es ist nicht wichtig, ob alles sofort gelingt. Wichtig ist lediglich, dass Sie Spaß an den Möglichkeiten rhetorischen Ausdrucks haben oder gewinnen.
Aber wie beim Autofahren gilt auch hier: Man muss auch rückwärts fahren und einparken können.

Also:
Setzen Sie zunächst die bisher dargestellten Elemente ein, wie z. B. die Körpersprache, die Mimik und die Gestik in der »erwarteten Form«. Versuchen Sie sodann Ihre Mitteilungen mit der nicht erwarteten Körpersprache zu sprechen. Sie werden erkennen, dass man damit die Zuhörer irritieren würde. Dann trainieren Sie den Kampfeinsatz der Stimme nach den obigen Gegensätzen. Wenn Sie das via Kamera aufzeichnen, kontrolliert abspielen und ständig üben, sind Sie auf diesem Weg:

Wer reden kann, ist im Leben besser dran!

4.

Die Waffen

4.1 Lügen / Vorsätzliches Täuschen / Empörung

Die Lüge ist Schirmherrin des Bullfighting

Ohne Lüge ist alles nichts, aber ohne sie ist alles angreifbar und schwach. *»Du sollst nicht lügen«* ist das achte christliche Gebot. Nicht zu Unrecht, schließlich wurde vom Sündenfall an bis zum heutigen Tag gelogen, dass sich die Balken bogen, und das wird so weitergehen. Erstaunlicherweise jedoch vermuten renommierte Biologen heute, dass die Entwicklung des menschlichen Geschlechts überhaupt nur durch den Umgang mit Lügen, Halbwahrheiten und Täuschungen möglich war. Wie auch immer. In unserer heutigen Medienwelt ist die Lüge schon etwas, was kaum noch jemanden ernsthaft schockt. Wenn ein Politiker bei der Unwahrheit ertappt wird, was soll's? So sind Politiker eben. Rücktritt erfolgt nur in ganz seltenen und gravierenden Fällen. Schließlich ist eine Lüge nichts weiter als ein taktisches Abweichen von der erkannten Wahrheit (siehe Abschnitt 4.7).

Im Dschungel des Lügengeflechts ist es bei Profis nicht einfach, durchzukommen, das Gestrüpp schnell zu durchschauen. Zu raffiniert und abgeklärt agieren Profilügner. Sie haben ein bestimmtes Talent, aber der Erfolg ist eben auch von der Art und den Umständen einer Lüge abhängig. FOCUS berichtete in der Ausgabe 50/1998, dass es in den USA einen Psychologen gibt (David J. Lieberman), der seinen Klienten in Seminaren beibringt, wie man Lügnern auf die Schliche kommt – übrigens zum Schnäppchenpreis von 15 000 Dollar für neun Stunden. Einige Hinweise von ihm:

»Achten Sie auf die Körpersprache. Haltung und Stimme verraten viel.« Oder: *»Wenn Sie glauben, Ihr Partner gehe fremd, fragen Sie ihn nie direkt danach. Besser, Sie beginnen ein allgemeines Gespräch über Untreue und achten auf seine Reaktion.«* Hinter den meisten Lügen, so Lieberman, stehe Angst – und das trifft den Nagel auf den Kopf. *»Selbst der ausgekochteste Betrüger lässt sich verunsichern. Machen Sie ihn nervös – dann können Sie ihn überführen.«* So ist es. Allerdings ... einerseits muss man das Talent und das Können besitzen, diese Taktik anzuwenden. Andererseits nützt das wenig, wenn man einen Profischwindler vor sich hat, der diese Tricks ebenfalls kennt.

Was also muss man tun, um einen Lügner entweder zu entlarven oder zu durchschauen? Hieraus ergeben sich für angehende Profis wichtige Kriterien und Erkennungsmerkmale (entnommen aus FOCUS 50/1998, S. 160):

Schwerer zu entlarven ist ein Lügner, wenn er ...
– ... vorher weiß, dass er lügen muss: Er kann seine »Geschichte« vorbereiten. – ... einem Fremden gegenübersteht: Er empfindet weniger Schuld. – ... keine Strafe befürchten muss, falls er entdeckt wird. – ... das Gefühl hat, mit der Lüge etwas Gutes zu tun (Notlüge). – ... geübt ist im Verbergen von Gefühlen (z. B., wenn er schauspielerisches und / oder rhetorisches Talent besitzt).

Leichter zu durchschauen ist ein Lügner, wenn er ...
– ... zwar Gefühle wie Wut oder Hass empfindet, aber teilnahmslos erscheinen muss: Er kann seine Emotionen nicht durch andere Gefühlsausdrücke maskieren. – ... einem Menschen gegenüber lügt, der die Wahrheit ahnt: Er muss Fangfragen befürchten. – ... im Ruf steht, aufrichtig und gerecht zu sein: Er hat mit verstärktem Schuldbewusstsein zu kämpfen. – ... eine Person belügt, die sich seiner Meinung nach nur schwer hinters Licht führen lässt: Angst vor Entdeckung verstärkt die Nervosität. – ... einen misstrauischen Menschen beschwindelt. Er darf sich diesem gegenüber weniger Fehler erlauben und steht daher unter stärkerem Druck.

Das ist für einen zur Lüge fest Entschlossenen nicht schwer zu beachten. Es muss also darum gehen, ganz bestimmte verräterische Merkmale zu verbergen – oder mit ihnen trefflich zu täuschen (damit der andere glaubt, er hätte etwas erkannt – siehe Zitat La Rochefoucauld, Seite 57).

Warum ist der Lügendetektor in Deutschland nicht zugelassen? Ganz einfach, weil es Menschen gibt, die ihn jederzeit überlisten können. Zwar wird mit neueren Geräten experimentiert, die auf der Messung von elektrischen Hirnaktivitäten basieren statt nur auf der Messung von Angstsymbolen. Doch kaum auf dem Markt, beweisen andere Forscher, dass es möglich ist, auch diese Technik durch den Menschen zu überwinden.

Der Emotionsforscher Paul Ekman von der University of California in San Francisco beschreibt, dass Zeichen von wahren und unwahren Gefühlen über unser Gesicht huschen, wenn wir etwas verbergen wollen. Und genau hier ist der Ansatzpunkt, um perfekt lügen zu können. Denn sind die Täuschungshinweise bekannt, kann man lernen, diese zu beherrschen. Paul Ekman nennt u. a. folgende (siehe FOCUS 50/1998, Seite 166):

1. Mikroausdruck: Er meint ein flüchtiges »Aufblitzen« eines Emotionsausdrucks von weniger als einer Viertelsekunde.
Ihr Training: Das absolute Pokerface üben. Nichts im Gesicht darf sich bewegen.

2. Gekappte Ausdrücke: Dem Lügner, so Ekman, scheint für einen Sekundenbruchteil bewusst zu werden, dass ein wahrer Ausdruck über das Gesicht blitzt. Er unterbricht oder überdeckt ihn.
Ihr Training: Wie oben, nämlich das Pokerface üben. Es muss gelingen, alle Gesichtszüge quasi einzufrieren.

3. Asymmetrie: Ekman behauptet, dass vor allem der Muskel, der primär am Lächeln beteiligt ist, sich auf einer Gesichtshälfte stärker bewegt, wenn das Lächeln nicht mit der Empfindung übereinstimmt – z. B. das gequälte Lächeln.
Ihr Training: Nochmals wie oben. Manchmal ist auch ein »andressiertes, gesprochenes Spaßlachen« hilfreich, wenn es öfters angewendet wird (»Ha-ha-ha!«). Der Empfänger kann dann nicht immer unterscheiden, was aufgesetzt oder echt ist.

4. Erröten oder Erbleichen:
Das ist das größte Problem für ungeübte Lügner – und auch oftmals kaum zu lösen. Schließlich ist Erröten oder Erbleichen von einer inneren Funktion unseres Körpers abhängig, die wir nicht steuern oder beeinflussen können. Und nur sehr wenige Menschen sind in der Lage, diese Funktionen düpierend, also täuschend, einzusetzen.

Ihr Training:
Es hilft – teilweise – die Atemtechnik. Der Blutstau, z. B. in unserem Kopf, kann sich nur bilden, wenn wir nicht für einen Ausgleich sorgen, und dieser wird über die aktive, regelmäßige Tief- und Vollatmung geregelt.

5. Zu lange Ausdrücke:
Ehrliche Empfindungen bleiben selten länger als ein paar Sekunden sichtbar. Ausdrücke, die länger als fünf oder gar zehn Sekunden dauern, sind meistens falsch.

Ihr Training:
Üben Sie, dass Ihre sichtbaren Empfindungen nicht zu lange dauern. Mit anderen Worten: Halten Sie sich nicht so lange mit einer Emotion auf!

6. Zwinkern und Pupillenerweiterung:
Das war früher ein Klassiker der Lügenerkennung, eben das unbewusste und unkontrollierte Zeichen von Erregung. Auch hier greifen heute andere Erkenntnisse, denn nachgewiesen ist, dass sich einige Zeitgenossen durchaus auf diesem Sektor kontrolliert bewegen können.

Ihr Training:
Durchführung von Wahrheit-Lügen-Übungen, die im Folgenden beschrieben werden (s. S. 72 f.).

7. Körperliche Kennzeichen:
Eine schnelle, flache Atmung sowie das häufige Schlucken, das Schwitzen und das nervöse Herumspielen mit Gegenständen oder fahrige Gestiken sind Erkennungszeichen der Lügner. In den meisten Fällen verändert sich die Stimme von Lügnern. Sie sprechen schneller oder langsamer, lauter, leiser, höher oder tiefer als normal. Und wenn ihnen dann noch das Unbewusste bei Freud'schen Versprechern einen Streich spielt, dann sind Lügner entlarvt, etwa indem der zu spät kommende Ehemann erklärt, er käme aus dem »Bistro« statt aus dem »Büro«. Erwischt!

Ihr Training:
Gehen Sie einmal durch Ihre Stadt, durch Ihren Betrieb, durch Ihr Wohnviertel. Wie viele Dinge gibt es, die Sie schon beim Anblick wütend machen, erregen, traurig oder gar freudig machen? Lernen Sie, diese Reaktionen zu beherrschen, ja zu unterdrücken. Versuchen Sie einmal, ganz »cool« zu sein. Halten Sie z. B. Ihre Hände aufeinander flach auf dem Tisch, statt dass Sie am Kugelschreiber rumfingern. Vor allem, lernen Sie, zunächst einmal *nichts* zu sagen! Wer zwingt Sie, wie aus einer Pistole geschossen zu antworten? Doch nur Ihr Gegner. Unterlassen Sie das also. Schauen Sie Ihren Gegner mit einem Pokerface an und ... schweigen Sie – für ein paar Sekunden. Reden Sie erst danach ruhig, langsam und besonnen. Doch vergessen Sie nicht die Kontrolle über Ihre körpersprachlichen Aussagen (kein Hin-und-her-Rutschen auf dem Stuhl, Heben oder Senken der Arme, Schultern bewegen, Kopfhaltung verändern, Blickkontakt verweigern usw.).

8. Inhaltliche Hinweise:
Lügner vermeiden, so die US-Forscher, oft konkrete Angaben zum Thema und benutzen lieber allgemeine Umschreibungen. So log Präsident Bill Clinton monatelang: *»Ich hatte keine Affäre mit dieser Frau«*, statt den Namen »Monica Lewinsky« zu nennen.

Ihr Training:
Einerseits müssen Sie allgemeine Umschreibungen trainieren – statt konkrete Sachverhalte zu benennen. Andererseits ist diese Methode auch entlarvend. Darum ist es manchmal sinnvoller, die »Erkennungsdienstler« mit der Darstellung (scheinbar) konkreter Vorgänge hinters Licht zu führen.

9. Anlass zum Misstrauen:
Ausweichende Antworten, Aufforderungen zur Wiederholung der Frage als Antwort oder bestimmte Phrasen wie »ehrlich gesagt« oder »ungelogen« sind verräterische Elemente. Die beliebteste Strategie vieler Lügner, so der zitierte FOCUS-Bericht, ist die Geschwätzigkeit: Um konkrete Nachfragen abzublocken, versuchen sie, den Belogenen mit detailreichen Geschichtchen einzulullen. Dies gilt allerdings nicht, wenn der Schwindler auf Misstrauen stößt. Allerdings gibt es auch Forschungsergebnisse, die belegen, dass der Argwohn eines Gegenübers den Redefluss des Lügners eher bremst und unpräziser macht. Grundsätzlich ist dieser Punkt ein wichtiges Fenster, um Licht ins Dunkel zu bringen. Doch ein Bullfighter muss beides können.

Ihr Training:
Neben professionellem Reden muss geübt werden, wie man äußerst kurz und knapp Fragen beantwortet bzw. auf Vorhaltungen reagiert. Ein Fragesteller erwartet, dass Sie ausführlich und umfassend antworten. Dieser Erwartungshaltung entsprechen Sie nicht, sondern geben ganz kurze, knappe und eher harte Antworten. Hier verweisen wir auf die Technik des Kreuzverhörs bzw. ihrer Abwehr (siehe Abschnitt 4.9).

Übungen

In einer **Gruppe** werden unterschiedliche Themen für jeden Teilnehmer zu einem Referat in drei Punkten ausgegeben. In mindestens einem Punkt muss einer, in dem Fall Sie, die Unwahrheit sagen und diese auch glaubwürdig vertreten. Keiner der anderen weiß jedoch, bei welchem Punkt Sie lügen – es sei denn, Sie verraten sich durch die vorher dargestellten Hinweise. Die Teilnehmer dürfen Fragen stellen und müssen zudem versuchen, Ihre Lügen zu entlarven. Sie müssen jetzt diesen Kreuzverhörfragen widerstehen.
Anschließend berät die Gruppe, woran man Sie als Lügner erkannt hat, bzw. Sie »beichten«, wo Sie gelogen haben, aber von der Gruppe nicht erwischt wurden.

Perfektionieren Sie das im **Einzeltraining**. Dazu benötigen Sie eine Videokamera, mit der Sie sich selbst aufnehmen. Sprechen Sie also wieder zu drei Punkten, wobei ein Punkt von vorne bis hinten erstunken und erlogen ist (am besten in der Mitte des Referats oder am Schluss). Da Sie Ihre Lügen selber gestrickt haben und wissen, wann Sie diese vortragen, werden Sie bei einer genauen Videoanalyse erstaunliche Entdeckungen machen: Sie verraten sich eben genau durch die Punkte, die wir bereits oben ausgeführt haben. Falls Sie keine Kamera haben, funktioniert diese Übung auch vor einem großen Spiegel. Sie werden verblüfft sein, wie schwer es ist, profihaft zu lügen!

Dazu ein Beispiel aus der Praxis:
In unseren zweitägigen **»Lügenseminaren«** trainieren wir das Erkennen von Lügnern durch die oben genannten Täuschungshinweise. Wir setzen dazu die modernsten technischen Hilfsmittel professionell ein, um das falsche Spiel zu entlarven – aber auch, um es zu trainieren. Denn am zweiten Tag müssen die Teilnehmer, man höre und staune ... lügen! Dazu erzählt jeder drei Kurzgeschichten, wovon mindestens

eine gelogen ist. Die Reihenfolge bestimmt der Redner. Lediglich der Trainer kennt die Wahrheit. Mehrere vernetzte Digitalkameras, soundechte Boxen sowie Projektionen von Sequenzen und des Gesamtbilds auf eine Großleinwand kommen zum Einsatz. Der Redner darf dann befragt werden (Kontrollfragen mit Kreuzverhörcharakter). Insbesondere hierbei werden auf Täuschungshinweise die Schwerpunkte gelegt. Die Erfolgsquote, also das Erkennen von Lügen, beträgt zwischen 60 und 80 Prozent. Diese relativ hohe Quote erklärt sich aus der Tatsache, dass die Probanden bzw. Teilnehmer mehrheitlich in einem Metier tätig sind, in dem Ehrlichkeit, Seriösität und auch Anständigkeit die Tagesordnung bestimmen – wie z. B. im Verkauf, in der Kundenberatung usw. Es sind keine »Lügenprofis«. Zu Deutsch: Die meisten können gar nicht überzeugend lügen – wobei die Betonung auf »überzeugend« liegt. Vice versa ergibt sich daraus aber auch eine wichtige Erkenntnis. Wenn man es also mit Profis zu tun hat, dann scheint das Erkennen von Lügnern ungleich schwieriger. Aber: Es gibt sie, die scheinbar perfekten Schwindler. Sie beherrschen die Täuschungen, seien sie körperlicher, rhetorischer oder auch technischer Art. Sie können z. B. die Maschinen überlisten, welche die neuesten Erkenntnisse der Messungen von Erregungszuständen berücksichtigen. Lügendetektoren, also »psychologische Aussagebegutachtung« (PAG) müssen, obwohl auch bei uns viele Juristen dieses Hilfsmittel im Prozesseinsatz fordern, zunächst und zu Recht dort bleiben, wo sie einer breiten Masse von TV-Zuschauern Spaß machen: wahr oder unwahr? *»Haben Sie Ihre Frau betrogen – ja oder nein? Der Lügendetektor weiß es!«*

Verlogenheit / Empörung

Mit diesen Kenntnissen muss es nun darum gehen, dass Ihre Umwelt nicht merken und einschätzen kann, wann Sie lügen, wann Sie die Wahrheit sagen – oder schlimmer noch: wann Sie die Halbwahrheit sagen. Eine Halbwahrheit ist bekanntlich schlimmer als eine Lüge, weil Menschen geneigt sind, das zu glauben, was sie wissen. Und wenn das nur ein kleiner Teil ist, dann wird der größere Teil auch als »wahr« hingenommen. In der Dialektik spricht man von der »induktiven Methode«, also Beweis des Ganzen durch das Einzelne. Im Gegensatz dazu gibt es die »deduktive Methode«, also der Beweis vom Ganzen auf das Einzelne. Man nützt aus, dass Menschen nicht zwischen »Beweis« und »Gewissheit« konkret unterscheiden können. Ein Beweis ist eine faktenorientierte Sache, die sich konkret nachweisen lässt. Die Gewissheit ist ein psychischer Zustand, der es schwer macht, etwas anderes zu glauben als das Dargestellte. Aber es ist dennoch kein »Beweis«. Und damit könnte es auch – ganz klar … falsch sein.

Ein Bullfighter kann auch hier etwas, was andere nicht können: die Gewissheit zum Beweis machen. Es geht darum, dass mit kleinen (oder größeren) Alltagslügen die große Lüge trainiert wird – und, das gehört dazu, man sich empören kann, wenn andere die eigenen Darstellungen (Lügen) bezweifeln. Hier gelten wieder die Regeln, die schon in den Täuschungshinweisen 1–9 (S. 68–71) aufgestellt wurden. Doch Vorsicht! Eine Falle gibt es: »*Wer einmal lügt, dem glaubt man nicht, und wenn er auch die Wahrheit spricht!*« – ermahnten Generationen ihre Umwelt. Darum ist die überzeugende Empörung im Falle einer offensichtlichen »Ertappung bei einer Lüge« außergewöhnlich wichtig. Es hat keinen Sinn, jetzt sachlich und ruhig argumentieren zu wollen. Jetzt müssen gut trainierte Emotionen ins Spiel gebracht werden. Die beste Technik dazu ist die, sich selbst *erschüttert, zerrüttet und vollkommen ungerecht behandelt gefühlt* zu zeigen ob der schnöden Anschuldigung. Jetzt ist es wichtig, allen Aufforderungen des Gegners zur »Rückkehr zur Sachlichkeit« zu widerstehen. Jetzt zählen nur die Emotionen, die Empörung – und darum … der Abbruch des Gesprächs!

Denn mit der Weiterführung einer – wie auch immer gearteten – Diskussion können Sie nur verlieren. Seien Sie empört, drehen Sie sich um und gehen Sie! Empört!
Beim nächsten Kontakt haben Sie riesige Vorteile – auch wenn Sie im Unrecht sind.

4.2 Mit Fragen schlagen / abwehren

»Du hast zu antworten, wenn du etwas gefragt wirst!« Eltern, Lehrer, Tanten, Chefs ... und wer auch immer ..., sie alle wollten, dass man »reagiert«, und zwar so, wie sie es erwarteten. Richtig gestellte Fragen haben, so die Hoffnung, immer eine große Wirkung und Durchschlagkraft. Sie können, wenn sie gezielt eingesetzt werden, zur Wahrheit führen – so lehrte es schon Sokrates. In unserer Zeit sind Menschen, die gute, präzise Fragen stellen können, in jeder Beziehung im Vorteil. Darum wird auch auf das Training guter Fragen in nahezu allen Seminaren viel Wert gelegt. Das funktioniert gut, wenn der Partner mitspielt, also auf Fragen antwortet. Doch was ist, wenn es sich um einen Bullfighter handelt, der nach seinen eigenen Regeln spielen will?
Der frühere Devisenbeschaffer der DDR, Schalck-Golodkovsky, musste vor einen BRD-Untersuchungsausschuss, und er wusste, dass dort scharf geschossen wird. Doch er betrat ganz souverän vor laufenden Kameras das Areal und antwortete auf eine Bemerkung zur Wahrheitsfindung: *»Sie bestimmen die Fragen – ich die Antworten!«*
Besser kann es nicht laufen.
Generell gilt, dass derjenige, der auf alle Fragen eine passende Antwort hat, die besten Karten hat. *»Wer fragt, der führt – wer antwortet, wird ge-führt!«* Das kennt man. Also trainiert man die Fragetechniken. Das ist prima, aber was macht ein Gegenüber, das nicht so reagiert, wie man es durch die gestellte Fra-

ge erwartet? Damit ist auch die Taktik eingeleitet: Reagieren Sie so, wie es nicht erwartet wird!
Einfache Beispiel nannten wir bereits.
»Können Sie Ihren Namen buchstabieren?«
Antwort: *»Ja.«*
Oder: *»Entschuldigung, wissen Sie, wo es zur Gartenstraße geht?«*
Antwort: *»Ja, weiß ich ...!«* Oder: *»Ja, warum?«*

Natürlich sind das banale Beispiele. Aber sie läuten etwas ein, was frappierend ist: Ein Bullfighter lässt sich nicht führen. Er antwortet entweder nicht – oder mit einem ganz anderen Thema. Und er antwortet schon gar nicht, wenn er durch die Antwort in Schwierigkeiten kommen könnte. Er hat die Auffassung, dass Fragen nur anders formulierte Probleme sind, die der Fragesteller selbst nicht lösen kann. Deshalb teilt er sie dem Befragten zu. Das empfindet der Bullfighter als eine Unverschämtheit, der man nicht folgen sollte. Ergo: Die Fragen werden nicht beantwortet.
Seine Ziele können dabei unterschiedlich sein. So möchte er z. B. provozieren, um seinen Gegner wütend zu machen, damit dieser Fehler macht.
Dazu ein Beispiel aus einem Bereich, den jeder kennt:
Mittels eines HNS (Human-Navi-System), also mit Frau im Auto, fahren Sie nach XY. Sie sagt: *»Jetzt rechts abfahren!«* Doch Sie fahren links ab ohne Kommentar. Und was jetzt kommt, könnte ungefähr so lauten: *»Was ist los? Was machst du? Du solltest doch rechts abfahren!«* Usw. Statt darauf einzugehen, werfen Sie ein neues Thema auf: *»Wann werden bei uns zu Hause denn eigentlich mal wieder die Fenster geputzt?«* Nun ja, was jetzt kommt, kann sich jeder vorstellen.

Klar, auch banal. Aber zur Erklärung brauchbar. Es geht darum, der Erwartung des anderen nicht zu entsprechen. Wer nicht einschätzbar ist, gilt als unberechenbar. Genau das soll beabsichtigt werden (eine gute Ehe ausgeschlossen ...).

Fragen nicht zu beantworten heißt selbstverständlich nicht, sie nicht zu beherrschen. Doch der Bullfighter sieht das wie ein Kartenspiel, bei dem man seine Karten verdeckt und stets noch »ein Ass im Ärmel« hat. Man kann geradlinig agieren oder besser: in Winkelzügen. Diese sollten nicht erkennbar sein, sie sollten scheinbar ungeordnet und dazu noch aus anderen Themenbereichen gestellt werden, die mit dem zu besprechenden Sachverhalt nichts, aber auch gar nichts zu tun haben. Protestiert sein Gegenüber dagegen, kann der Bullfighter bestens kontern mit der groben Bemerkung:
»Ich muss nicht belehrt werden, was ich zu fragen habe!«

Aus der Schlagfertigkeitstechnik kennt man die verblüffende Wirkung, das Gesagte witzig-frech infrage zu stellen:

»Und was ist daran so originell?«
»Und was haben Sie sonst noch in der Schule gelernt?«
»Toller Hecht! Wo lassen Sie denken?«
»Tolle Antwort. Wann besuchen Sie einen Aufbaukurs Rhetorik?«
Nachsetzen: »Was glauben Sie, hat sich Ihr Image nun verbessert oder verschlechtert?« – »Verbessert!« – »Na, dann üben Sie mal weiter! Bedarf haben Sie ja genug!«
Roger-Methode = ständiges Wiederholen: *»Am Thema vorbei? Am Thema vorbei? Am Thema vorbei ...?«*
Cool bleiben: *»Es gibt intelligente und weniger intelligente Argumente. Warum beginnen Sie mit dem letzten? Pulver verschossen?«*
»Was spricht dagegen, dass Sie das nochmals gaaanz langsam wiederholen? Aber nicht wieder stottern, bitte!«

Die Möglichkeiten, schlagfertig zu sein, sind sehr vielfältig. Viele Menschen bewundern andere um ihre Eloquenz, um

ihre Fähigkeiten, stets die passende Antwort parat zu haben. Ihnen selbst fällt das Beste erst 24 Stunden später ein.
Darum soll hier ein einfaches System dargestellt werden, sich den Möglichkeiten der Schlagfertigkeit zu bedienen. Ausgangslage ist die Frage, wen Sie vor sich haben: Herrgottvater (dann besser abhauen oder sich verbeugen) oder einen gewöhnlichen Zeitgenossen. Für den kann es jetzt losgehen, entweder mit einigen lustigen Sprüchen *»lieber, besser als ...«* oder mit Umformen, also anders zu definieren, oder mit Polarisierungen in Frageform.

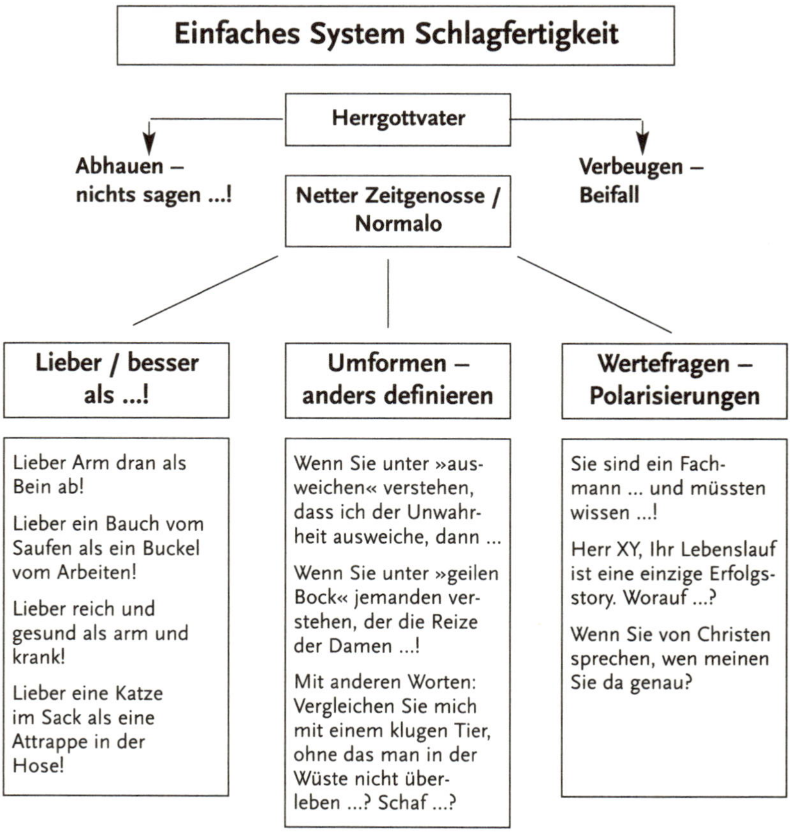

Weitere Möglichkeiten der Schlagfertigkeit finden Sie in dem Buch von Wolf Ruede-Wissmann »*Das hat gesessen! Unschlagbar im Streitgespräch*«, Signum Wirtschaftsverlag 2003, 218 Seiten, 9,80 Euro, ISBN 3-776-9010-0.

4.3 Süffisanz / Düpierende Schmeichelei / Falschheit

Süffisanz

In einer Partyrunde erfreute sich ein Gast besonderer »Beliebtheit« bei den anderen. Er selbst gab keine eigenen Storys ab, sondern kommentierte nur das, was die anderen sagten. Und jeder dieser Kommentare war süffisant im abwertenden Sinne, das Gefühl von Überlegenheit genüsslich zur Schau tragend, selbstgefällig, spöttisch-überheblich. Seine ganze Strategie war auf diese Süffisanz ausgerichtet. Auch nach schlagfertigen Antworten blieb er dabei. Diese Strategie hatte es in sich, weil sie einzig auf die Emotionen gerichtet ist, obwohl sie nicht direkt beleidigend war. »*Ich hörte, Sie haben sich ein Auto gekauft. Uiii, haben Sie einen Hausfrauenkredit aufgenommen?*« Oder: »*Kommt die Oma oben aufs Dach, wenn die Rente nicht für die Raten reicht?*« Oder: »*Falls das Geld ausgeht, gibt es ein lauschiges Plätzchen für Sie im Stadtpark ...?*« Oder: »*Gab es in Ihrer Familie schon mal Selbstmorde – und wenn nein, warum fangen Sie nicht damit an?*«

Das ist der Unterschied zu direkten Konfrontationen. Hört jemand z. B. eine grobe Bemerkung oder eine Beschuldigung, so hat er mehrere Möglichkeiten, sich zu wehren. Wirkungsvoll ist die Roger-Methode, also die Grobheit, mehrmals fragend in der Gruppe zu wiederholen. Damit wird sie ad absurdum geführt, und im günstigsten Falle wendet sich die Gruppensympathie zu Ihren Gunsten. Das ist bei der Süffisanz kaum möglich. Mit der Roger-Methode würde man die Wirkung sogar noch erhöhen. Wer keine große Lust hat, sich damit auseinander zu setzen, kann schlicht sagen: *»Das haben Sie schön gesagt. Dafür kriegen Sie das Kamener Kreuz am Bande!«* Dann legen Sie Ihren Arm um seine Schulter und machen »einen auf Kumpel«. Falls das aus sozialen Gründen nicht geht (z. B. ein Kunde, der Chef etc.) steigen Sie am besten aus der Situation aus und wenden sich einer anderen Gruppe zu. Allerdings muss sich derjenige, der die Süffisanz so gnadenlos praktizierte, fragen, was sein Ziel war. Was sollte damit erreicht werden? Im Allgemeinen erntet man bestenfalls anfänglich nur einige Lacher in der Gruppe. Bei dauernden süffisanten Bemerkungen geht das anderen »auf den Geist«, weil nichts Neues produziert wird. Es ist immer dasselbe Gequassel. Das ist vergleichbar mit jemandem, der in einer Runde selbst keine lustigen Geschichten einbringt oder mal einen Witz erzählt, sondern stets nur dämlich die Beiträge anderer kommentiert. »Schmarotzerkommunikation« könnte man das nennen.

Allerdings gibt es hier eine Variante, die sehr brauchbar ist, nämlich eine nette, lustig-spöttische Bemerkung – entweder nach einem eigenen Redebeitrag oder als Antwort auf das zuvor Gesagte. Doch hierbei steht in der positiven Kommunikation die Versöhnlichkeit im Mittelpunkt und nicht das Blamieren. Versöhnlich ist jede süffisante Bemerkung, die auch den Empfänger heiter stimmt und ihn vielleicht dazu animiert, Gleiches zu tun. In einem mittelständischen Unternehmen, in dem ich seit vielen Jahren als Trainer arbeite, gibt es einen leitenden Angestellten, mit dem es eine Freude ist, spöttische, süffisante Bemerkungen zu wechseln. Die Zuhörer entscheiden dann, wer die besten Treffer hatte. Entscheidende Voraussetzung jedoch ist, dass wir beide uns mögen und achten; erst das bringt den wirklichen Spaß. Alles andere wäre aufgesetzt.

So gab es beim letzten Seminar, welches von allen Beteiligten als sehr nützlich und gut beurteilt wurde, am Schluss folgende Frage dieses Mitarbeiters an mich: *»Herr Dr. Ruede-Wissmann, Sie haben uns im Training beigebracht, stets zu fragen. Meine Frage darum: Sind Sie eigentlich mehr Wissenschaftler oder mehr Praktiker?«*
»Herr Thoma, das wissen Sie doch trotz Ihrer schnellen Müdigkeit. Ich bin mehr Praktiker.«
»Sehen Sie, wären Sie mehr Wissenschaftler, dann hätten Sie Ihre Trainingskünste vorher an Ratten ausprobiert!«
Er hatte alle Lacher auf seiner Seite, und ich habe nicht im Entferntesten daran gedacht, aus diesem schönen 1:0 irgendwie ein 1:1 zu machen. Ein Rhetoriktrainer muss es als seine wertvollste Aufgabe ansehen, Teilnehmer u. a. zu solchen Bonmots zu bringen – zu schweigen und zu genießen. Süffisanz kann auch eine Spaß bringende rhetorische Sublimierung sein.

Was man zuletzt sagt, behält man am besten – eine stets gültige Weisheit in der Kommunikation. Darum sollte man die Süffisanz, gleich mit welchem Ziel, erst am Schluss quasi »sichtbar« machen, sie also »anhängen«. Wer zu Beginn mit dieser Taktik einsteigt, läuft Gefahr, dass ein aufmerksamer Zuhörer die »Nummer kippt«.
Beispiele dazu:
»Ich möchte auf Ihre wunderbare, ach, sagen wir doch sonderbare, wie auch immer geartete Rede, Folgendes antworten. Herr ...!« Das war's! Hier kann man prächtig unterbrechen: *»Pardon, meine Rede war wunderbar. Ihr Kommentar war sonderbar. Lassen Sie uns darum Folgendes ...!«* Usw. Aus. Die Wirkung ist verpufft.
Drehen Sie die Sache um: *»Sie haben zum Sachverhalt XY gesagt ... Vielleicht fanden Sie das wunderbar. Ich glaube aber, die meisten fanden es sonderbar. Doch bitte, Ihre Antwort! Wenn möglich: wunderbar!«* So, das wird sitzen!

Die Regel lautet also: Süffisanz stets am Ende eines Arguments respektive einer Antwort »einbauen«. Nur mit Süffisanz zu agieren ist wenig produktiv.
Beachten Sie jedoch die Zielfrage: Was wollen Sie erreichen? Sie können mit kleinen, spöttisch-netten Bemerkungen am Schluss Menschen für sich gewinnen. Sie können aber auch neue Feinde gewinnen. Letztlich kann man Süffisanz einsetzen, also ausschließlich auf der emotionalen Beziehungsebene agieren, um eines zu erreichen: Der Gegner soll nur noch emotional reagieren, seine Ratio quasi ausschalten und dadurch ... Fehler machen.

Düpierende Schmeichelei

»Diese Frisur, ich sage es ganz ehrlich, Frau Rundneuer, macht Sie um viele Jahre jünger!« – »Oh, Sie Schmeichler. Danke!«
Das denkt er wirklich: Die Frisur sieht aus wie Frankensteins Klobürste mit Verfallsdatum von Frau Rundneuer.
Schmeichelei ist etwas, was nahezu alle Menschen lieben. Und nicht immer muss alles der Wahrheit entsprechen. Das erwarten die meisten Empfänger auch gar nicht. Doch was nützt Schmeichelei?
Versetzen wir uns dazu einmal in die Lage eines Mannes, der, wie er glaubt, nichts ist und nichts geschafft hat. Niemand sagt ihm, dass er auch etwas Tolles geleistet hat. Nun plötzlich stehen Sie vor seinem Uraltauto, welches er soeben gewaschen und poliert hat, und sagen: *»Donnerwetter, Herr Krause, wie haben Sie denn das geschafft? Wie haben Sie denn diese ganzen Stellen da wegbekommen? Jetzt müssen Sie aber dafür sorgen, dass das Finanzamt das nicht sieht. Sonst müssen Sie für ein neues Auto Steuern zahlen!«*
Eine Nichtigkeit – für denjenigen, der das sagt. Ein wunderbares Gewitter – für den, der es hört.
Nehmen wir das Beispiel Frau Krause. Sie sieht via Haartracht

so aus, wie sie heißt. Doch dann sehen Sie sie, als sie vom Frisör kam. Und nun sagen Sie quasi im Vorbeigehen: *»Ähh, Frau Krause, ist was?« – »Nö, was soll sein?« – »Na ja, vielleicht gibt's etwas Besonderes, was mich nichts angeht. Also ich meine, Ihre Frisur … ähh, toll!«* Sie wird lächelnd abwinken und weitergehen. Doch sie wird sich zur nächstbesten Gelegenheit vor einen Spiegel stellen und Ihr Kompliment überprüfen.

Nochmals:

Eine Nichtigkeit – für denjenigen, der es sagt. Ein wunderbares Gewitter – für die, die es hört.

Nun werden einige Leser einwenden, dass ein paar Zeilen zuvor etwas zu lesen war, das ernsthaft gar nicht schmeichelte (»Klobürste« …). Also was nun? Wie ehrlich darf Schmeichelei sein? Und was ist »düpierende« Schmeichelei?

Düpierung (aus dem Französischen) ist die Täuschung.

Doch wenn Schmeichelei eine Form der positiven, stimulierenden Kommunikation ist, bei der auch zum Nutzen der Zwischenmenschlichkeit etwas übertrieben oder gar geflunkert werden darf, was soll dann die Düpierung, die Täuschung?

Das erklärt wiederum die Zielfrage: »Was soll erreicht werden?«

Mit der Düpierung in der Schmeichelei soll etwas erreicht werden. Als Selbstzweck ist sie ungeeignet, weil sie nutzlos oder gar gefährlich ist. Das Beispiel ist die Mythomanie, die krankhafte Lügensucht z. B. bei Psychopathen, und die Kleptomanie, also der Stehltrieb ohne Bereicherungsabsicht. Das sind zumeist auf seelisch abnormen Motiven beruhende, pathologische Zustände. Ein Bullfighter, der Düpierung in der Schmeichelei betreibt, handelt keinesfalls psychisch krankhaft, sondern sehr rationell-berechnend.

Um das zu können, muss zunächst die Denkart des Gegners ausfindig gemacht werden, um darauf einzusteigen.

Ein Beispiel:

Sie sind beruflich ein Versicherungsagent und privat ein rusti-

kaler Genussesser. Schweinshaxen mit Knödel, Kraut, Obstler und 'ne Maß Bier sind für Sie ein wahrhaft animalisches Vergnügen, das zweitschönste dieser Welt. Nun sind Sie bei einem wichtigen Kunden eingeladen. Von dem wissen Sie, dass er und seine holde Gattin Vegetarier sind. Vegetarier, das sind diejenigen, so sagen Sie stets scherzhaft, die behaupten, sie lebten länger. Dabei sehen die nur älter aus. Sie stellen sich also darauf ein, zum Nachtisch ein Stück Nachbarshecke zu futtern.
Was spricht dagegen, sich vorher z. B. im Internet über die Vorzüge von Grünzeug zu informieren, dieses mit ein paar netten Beispielen zu verpacken, darzustellen und die Gastgeberin zu bitten, Ihnen ein paar Ratschläge zu geben, was man als »Neuling« am besten tun sollte, ohne sofort das andere, bisherige Essen zu verschmähen (also keine Übertreibung!).
Suchen Sie darum nach den Hobbys, den Vorlieben, den Ablehnungen usw. Ihres Partners. Aber setzen Sie diese Infos gezielt und eher sparsam ein, damit Sie nicht auf »dem eigenen Schleim ausrutschen«.
Schmeichelei muss einen Sinn haben. Entweder Sie wollen Ihren Mitmenschen Freude bereiten; dann gilt Ihnen dafür ein herzliches »Bravo«. Oder Sie wollen ein bestimmtes Ziel erreichen. Vielleicht wollen Sie den Grundstock für einen guten Geschäftsabschluss bereiten und aufgeschlossen und vertrauensvoll wirken. Dann darf für einen Bullfighter die düpierende Schmeichelei kein Tabu sein. Doch stets gilt die Regel: Düpierung darf nicht erkennbar sein. Sie muss so abgestimmt und portioniert sein, dass sie wirkt. Jede Übertreibung ist verräterisch. Hier gilt klar: Weniger ist mehr!

Falschheit

»Du bist ein falscher Hund!«, »Du bist ein falscher Fuffziger!« Wer kennt solche Ausrufe nicht? Aber warum sagt man das? Das sagt man, weil derjenige als Lügner ertappt wurde. Viel-

leicht hat er etwas Falsches gesagt, getan oder versprochen. Egal, er ist enttarnt. Und jetzt kommen die ganzen nervigen Sprüche: *»Wer einmal lügt ...!«, »Lügen haben kurze Beine!«,* usw. Und hier liegt der Schlüssel zum Einsatz eines Verhaltens, nicht enttarnt zu werden (siehe auch Abschnitt 1).

»Das ist unrichtig!«, sagt man vornehm im Gericht. Das Wort »Lügen« ist offenbar juristisch nicht geadelt. Aber man muss etwas unterscheiden, nämlich die Lüge und die Falschheit. Die Lüge ist eine ganz bewusst eingesetzte Form der Unwahrheit, also eine Leugnung oder Verdrehung der Tatsachen. Die Falschheit muss nicht unbedingt eine Lüge in sich bergen. Sie kann auch allein aus dem Charakter des Betreffenden kommen, ohne Zielbestimmung.

Beispiel:

Es wird ein Kollege gefragt, ob er mithelfen werde, die Umsatzzahlen aus dem Jahr XY zu sichten. Seine Zusage steht. Wenn er lügt, sagt er jetzt »ja«, obwohl er weiß, dass er es nicht tun werde – also ein klarer Vorsatz. Falschheit besteht nun darin, dass er später alles vorbringen wird, warum er nicht zum Termin erschienen ist, um, wie versprochen, gemeinsam mit dem Team zu suchen. Aber, so die weitere Falschheit, man bedauere das und werde »... ganz sicherlich« beim nächsten Mal dabei sein.

Ziel der Falschheit kann es sein, dass man z. B. im Betrieb von lästigen Nacharbeiten befreit wird *(»Der kommt ja doch nicht ...!«).* Im Unterschied, nochmals zur Lüge, ist Falschheit nicht unbedingt ein Vorsatz. Natürlich gibt es keine klare Abgrenzung. Denn letztlich überschneiden sich die Vorgehensweisen »Lüge – Falschheit – Täuschen – Verlogenheit« usw. Im privaten Bereich sind diese Spielarten der unfairen Kommunikation bestenfalls dazu geeignet, eine Situation zum Nachteil aller zu vergiften.

4.4 Zynismus / Verächtlichmachung

»Zynische Menschen sind böse Menschen!« Das wussten schon unsere Vorfahren.
Und in der Tat. Süffisanz kann man sich aneignen und auch wieder ablegen. Zynismus wohnt im Menschen – und zwar dauerhaft. Ein Zyniker ist in Wahrheit ein kranker Mensch. Zynismus darf nicht verwechselt werden mit Spöttereien oder Süffisanz. Diese Kommunikationsform ist klar auf Vernichtung gerichtet. Jemanden mit zynischen Bemerkungen verächtlich zu machen heißt, dass man ihn »fertig machen will« – egal um welchen Preis.

Der **Zynismus** (griech. wörtlich *die Hundigkeit*) im Sinne von *Bissigkeit* bezeichnet eigentlich die Lebensanschauung der antiken Kyniker (Bedürfnislose). Heute bezeichnet man als Zynismus zum einen die sich durch teils absichtlich verletzende Äußerungen zeigende Haltung einer Person (des **Zynikers**) und zum anderen auch eine Haltung, die moralische und menschliche Werte grundsätzlich infrage stellt und sich dabei teilweise (bewusst oder unbewusst) darüber lustig macht. Zynismus kann auch ein Zeichen von Resignation sein: *»Ein Zyniker ist jemand, der Ideale hat, aber ganz genau weiß, dass sie nicht realisierbar sind.«* Schwarzer Humor ist ein wichtiger Teil davon.
Zudem bezeichnet der Begriff Zynismus die zynische Äußerung selbst, z. B. »mit *Zynismen* reagieren«.

Zitate:

- *»Ein Zyniker ist ein Schurke, dessen mangelhafte Wahrnehmung die Dinge so sieht, wie sie wirklich sind, und nicht, wie sie sein sollten.«* (Ambrose Bierce)
- *»Zynismus ist die Kunst, die Dinge so zu sehen, wie sie sind, und nicht, wie sie sein sollten.«* (Oscar Wilde)

– *»Der Zyniker kennt von allem den Preis und von nichts den Wert.«* (Unbekannt)

Zynismus wird darum auch verstanden, um eine gesellschaftliche Gruppe, Rassen oder Religionszugehörigkeiten auszugrenzen, verächtlich zu machen (Juden, Neger, Schwule, Sprachbehinderte, Nationalitäten usw.). Hier geht es darum, dass man sich dadurch »überhöht«, sich also als wertvoller darstellt als das Objekt.
Damit ist der Einfachheit des Zynismus Tür und Tor geöffnet. Man benötigt nur einen Bezug, einen Vergleich mit den ausgegrenzten Gruppen. *»Sie verhandeln so fair wie ein Jude!«* Oder: *»Ich befinde mich doch nicht auf einer Schwulendemo!«* Oder: *»Was soll ich mit Ihrer geistigen Hasenscharte?«* Oder: *»Das ist so angenehm wie ein Schutt-Russe im Kindergarten.«*

Die Widerwärtigkeit besteht darin, dass diese Vergleiche, wenn sie sehr allgemein gehalten werden, kaum strafbar werden können. Wer soll z. B. den Vergleich mit einem »Schutt-Russen« bestrafen? Herr Putin? Herr Schröder? Und doch wissen gerade die älteren Mitbürger noch sehr gut, wie die russische Soldateska nach der Überrollung 1945 unter unschuldigen Kindern und Frauen gewütet hat. Wer spricht schon von den vielen anständigen Russen, die anderen Menschen geholfen haben? Und Menschen, die im Nachkriegsdeutschland und später groß geworden sind, denen wurde stets eingebläut, wie schlimm es sei, »schwul«, ein »warmer Bruder«, ein »175er« zu sein (benannt nach dem nicht mehr gültigen Paragrafen des Strafgesetzbuchs Nr. 175, wonach gleichgeschlechtliche Handlungen unter Strafe zu stellen sind).

Zynismus und Verächtlichmachung setzen voraus, dass man die Verletzung der Menschenwürde kennt. Es müssen sodann allgemeine Vergleiche angestellt werden – keine speziellen und persönlichen –, sonst droht der Herr Staatsanwalt. Sie dürfen also nicht sagen: *»Ich ziehe mir eine Blechhose an, weil Sie eine Schwuchtel sind!«*, sondern Sie müssen es neutral formulieren: *»Mich gehen Schwule nichts an – und ich ziehe mir auch keine Blechhose an!«*

Generell gilt rechtlich, dass Verächtlichmachungen »nicht so ganz ohne« sind. Man bedenke, dass sich immer wieder ein Rechtsanwalt findet, der vielleicht mangels sonstigem Honorar auch solche Fälle aufgreift – und nicht selten Erfolg hat. Was eine Ehrabschneidung, Beleidigung, Geschäftsschädigung, Verächtlichmachung etc. ausmacht, ist rechtlich sehr umstritten. Es gibt dazu eine kaum überschaubare Zahl von Gerichtsurteilen unterschiedlicher Instanzen.
Wer also zu seinem Nachbarn im Streit unter Zeugen sagt: *»Sie sind doch nichts weiter als ein arbeitsloser Geselle, der nur auf unsere Kosten lebt, Sie Hartz-IV-Typ!«*, darf sich über den Brief vom Anwalt, der etwas später in seinem Briefkasten liegt, nicht wundern.
Sagen Sie es doch neutral (vielleicht süffisant): *»Herr Nachbar, es gibt so viele arbeitslose Gesellen, die auf unsere Kosten leben. Aber ich nehme zu Hartz-IV-Empfängern keine Stellung. Wissen Sie, Hartz IV ist nicht mein Niveau!«*

Eine ebenfalls wirkungsvolle Methode ist das Verlängern, Übertreiben etc., um den Gegner dann zu verspotten:

»Sie fallen mir ständig ins Wort« – »Das ist noch gar nichts. Stellen Sie sich mal vor, es fällt ein U-Boot vom Himmel!«
»Rauchen ist ungesund.« – »Das sagte meine Mutter auch immer. Und die hatte die Kompetenz dazu!«
»Sie werden in dieser Angelegenheit verlieren!« – »Um Gottes willen! Dann mache ich weniger Umsatz, weniger Steuern, der Bundeshaushalt schwindet, und letztlich brauchen wir einen neuen Bundeskanzler!«

»Was sagen Sie als Außenstehender zur Intelligenz?« – »Die beste Art, Intelligenz zu beweisen, ist die, sich nicht mit Ihnen zu unterhalten!«
»Warum sind Sie immer noch Mitglied der NPD?« – »Wenn Verona Busendolli als katholisches Kulturgut vom Papst gesponsert wird, dann trete ich diesem Verein bei. Wie denken Sie als überzeugter Kommunist darüber?«
»Den Sachverhalt habe ich richtig eingeschätzt!« – »Soso, na dann üben Sie noch mal ein bisschen weiter. Vielleicht klappt's beim nächsten Mal!«

4.5 Die LGG-Methode: LGG = Leim – Glatteis – Guillotine

Die LGG-Methode ist ein wahrer Leckerbissen für Bullfighter, die eine Argumentationsstrecke überblicken und Disziplin wahren können. Mit dieser Methode wird ein Gegner an die Wand gespielt, weil dieser glaubte, sein Gegenüber wolle mit ihm fair diskutieren. Doch am Ende stehen Zynismus und die Guillotine bereit – und das ist das Perfide an dieser Technik.

Es beginnt harmlos. Der Gegner stellt z. B. eine Frage: »*Was ist der Unterschied zwischen a und b?*« Oder: »*Was bedeutet der Begriff ABC?*«
Sie antworten normal, ohne Empörung: »*XYZ!*« Auch bei Nichtwissen sollte eine höfliche Antwort gegeben werden. Das ist der Teil »Disziplin«.
Jetzt kann der Gegenangriff mit LGG erfolgen. Mit einer eher unterwürfigen Frage tappt der Gegner in den Leim; sodann führt man ihn mit einer kaum oder schwer zu beantwortenden Frage aufs Glatteis. Da er diese nicht oder nur unvollständig beantworten kann, führe man ihn zum Schafott – ab auf die

Guillotine. Sollte noch etwas Lebendiges an ihm sein, so befördere man das mit einigen Standardformulierungen in den Guillotine-Korb (Roger-Methode).

Beispiel:

Leim
»Darf ich Ihnen auch eine Frage stellen?«
»Klar!«
Glatteis
»Wer erstellte den hypothetischen Eid?«
Gegner: *»Sie meinen den hippokratischen Eid?«*
Sie: *»Ich drücke mich nicht missverständlich aus / ich spreche deutlich. Und ich meinte nicht den griechischen Arzt Hippokrates, 460–377 v. Chr. Also, was versteht man unter ...?«*
Gegner: *»Das weiß ich nicht!«*
Guillotine
»Was soll das also? Sie kennen nicht einmal die einfachsten Dinge und wollen mich prüfen?«
Und dann: *»Ich schlage Ihnen vor, dass Sie zukünftig Ihre Abfragerei unterlassen. Im Gegenzug werde ich Ihr Halbwissen nicht mehr offen legen / nicht mehr Ihr Nichtwissen abfragen.«*
Oder: *»Ich schlage Ihnen Folgendes vor: Wenn Sie aufhören, Lügen über uns zu erzählen, werde ich aufhören, die Wahrheit über Sie zu verbreiten!«*

Bei »Nachblubbern« (aber Sie haben doch ... usw.) den G-Korb wegräumen: *»Sie brauchen sich jetzt nicht zu entschuldigen. Es ist alles gesagt!«*
Bei weiterem Nörgeln: *»Na ja, dann üben Sie noch mal ein bisschen!«*

Ein weiteres Beispiel:
Gegner spielt sich mit Fachwissen auf, z. B. EDV-Wissen. Sie sollten jetzt zuhören und Stimuli äußern (Kopfnicken, die Augenbrauen heben usw.), um ihn eher zu ermuntern. In passender Pause erfolgt Ihr Angriff mit LGG:

Leim
»Da gibt es sicherlich eine ganze Reihe von Möglichkeiten in der Zukunft. Darf man erfahren, wo genau die technische Entwicklung vor der sozialen Frage, die damit verbunden ist, Halt macht?«
Gegner: *»Also, so genau weiß man das doch nicht / kann man nicht sagen ...!«*
Glatteis
»Aber müsste man nicht zumindest grob prognostizieren können, wohin die Entwicklung läuft? Was wäre, wenn ...?«
Gegner blubbert etwas, verdröselt sich in Zukunftsaussichten. Jetzt ...
Guillotine
»Fassen wir doch mal Ihre Ausführungen zusammen. Sie sprechen über die Entwicklung XY, ohne zu wissen, wohin sie geht. Sie können nicht einmal eine wichtige soziale Frage einschätzen. Ihr Redebeitrag ist also nichts weiter als ein Zukunftsgeblubber ohne konkrete Sachinhalte. Vielleicht hätten Sie jemanden fragen sollen, der sich damit auskennt, dann wären Ihnen einige Peinlichkeiten über Ihr Nichtwissen erspart geblieben.«
Gegner protestiert ...! Räumen Sie den G-Korb weg: *»Sie brauchen sich jetzt nicht zu entschuldigen«* ... siehe oben.

Sehr wirkungsvoll ist auch folgende Variante am Guillotine-Ende: *»Was schlagen Sie denn vor, was* ***Sie*** *tun können, um Ihre Umwelt in Zukunft mit solchem Geblubber zu verschonen?«*

Die Vorgehensweise **Methode LGG** ist stets gleich:
Sie hören zunächst zu, um einige Details herauszuextrahieren.

1. LEIM:	Sie bitten höflich, eine Frage stellen zu dürfen.
2. GLATTEIS:	Sie stellen selbst eine Wissensfrage oder eine Konjunktivfrage – aber es muss eine Frage sein, die man nicht klar beantworten kann (also: Wo stehen wir damit in zehn Jahren? Oder: Was würden Sie sagen, wenn ...?).
3. GUILLOTINE:	Sie fassen ganz kurz einige Fakten zusammen, die z. B. falsch oder sehr undeutlich / vage waren, und unterstellen dem Gegner, dass er diese nicht kennt, also nichts weiß. Und dann fordern Sie ihn praktisch auf zu schweigen – und sich zu schämen: »*Wäre es nicht besser zu schweigen, statt sich durch Nichtwissen zu blamieren?*«

Sollte er empört reagieren, antworten Sie stets mit der Roger-Methode: »*Sie brauchen sich jetzt nicht zu entschuldigen! Es ist alles gesagt!*« Usw.

Erforderlich sind also gemeine Ironie und Hinterfotzigkeit.

Das System ist bestens geeignet, um einen Kreis von Schönwetterfreunden deutlich zu verkleinern oder sich zukünftig lästige Partyeinladungen vom Halse zu halten. Beides hat emotionale, intellektuelle, zeitliche und auch finanzielle Vorteile. Vor allem: Man findet wieder zu sich selbst!

4.6 Fangfragen / Verschleierungsfragen / Konjunktivfragen

Fangfragen (auch »Stasi- oder Gestapo-Fragen«) sollen nicht erkennen lassen, was man im Kern eigentlich wissen will. Sie begegnen uns später nochmals als wesentliches Element im Kreuzverhör.
Ein einfaches Beispiel zur Verdeutlichung:
Sie befinden sich in einer fremden Stadt und wollen wissen, wo das Rotlichtviertel ist. Sie fragen einen Passanten, wollen aber nicht sagen, dass Sie Lust auf die Hula-Bar haben. Sie fragen also:

»Pardon, wo geht es denn hier zum Theater?«
»Erste Straße links, dann 500 Meter geradeaus und dann gleich rechts.«
»Ach, das ist doch bei dem Rotlichtviertel?« (Sie können auch verschleiern und z. B. erst nach dem Bahnhof fragen und dann zufällig das Rotlichtviertel ansprechen.)
»Nee, das Rotlichtviertel ist in dieser Richtung; ein paar hundert Meter weiter geht's dann links in diese Zone.«
»Vielen Dank.«

Üben Sie zunächst mit solchen einfachen Beispielen. Fragen Sie z. B. in Ihrer Heimatstadt unbekannte Passanten etwas. Sie können dann gut kontrollieren, ob es funktioniert hat bzw. was Sie das nächstes Mal anders oder besser machen müssen.

Noch ein einfaches Beispiel:
Ein Mann bewirbt sich für den Posten eines Außendienstmitarbeiters. Der Personalchef möchte wissen, ob dieser ein Auto hat; er will es aber nicht direkt erfragen. Also fragt er: *»Guten Tag. Haben Sie einen günstigen Parkplatz bekommen?«*

(Hat der Bewerber allerdings Radklammern in der Hose oder legt er sichtbar Fahrscheine auf den Tisch, so erspare sich der Chef diese Frage ...)

Im täglichen Leben haben diese Fragetechniken eine immens große Bedeutung. Allen drei Fragearten ist gemeinsam, dass auch am Ende der Befragte nicht erkennt, was der Fragesteller eigentlich wissen wollte. Darum sollte der Frager auch nicht triumphieren, wenn er etwas herausgefunden hat. In allen Lebenslagen begegnen uns Fangfragen. Da hat eine misstrauische Ehefrau die Frage an den Ehemann gestellt, welche Kleidung er für den plötzlich angesetzten Besprechungsabend beim Chef benötigt. Im Grunde ist die Frage Unsinn, denn der Chef möchte einen Leistungsträger und kein Modell. Doch wenn der Mann antwortet: *»Das ist wichtig. Da kommen wichtige Leute. Ich nehme mal den dunkelblauen Anzug mit Krawatte und dem neuen Hemd«,* usw. – dann könnte die Ehefrau zumindest etwas skeptisch werden. Und wer wissen will, ob der Partner fremdgeht, handelt ziemlich zwecklos, ihn direkt danach zu fragen. Besser ist es, ein allgemeines Gespräch über Untreue zu beginnen und auf Reaktionen zu achten. Hat er nichts zu verbergen, kann er relativ gelassen darüber reden. Falls ihm das Thema infolge treulos selbst Erlebtem unangenehm ist, wird er versuchen, das Thema zu wechseln.
Doch das sind noch eher harmlose Beispiele.
Fangfragen sind vor allem wichtig in der Industriespionage. Wer die Absichten eines Unternehmens ausspionieren will, wird kein Glück haben, direkt danach zu fragen. Aber man könnte ja erfragen bzw. recherchieren, welche Investitionen geplant sind, wie der jetzige Absatz vom Produkt XY läuft, wie das Verhältnis zum Wettbewerb ist, ob der Kollege Meier noch im Amt ist, ob die Zentrale eine neue Computeranlage bekommen hat, welche Maschinen ab- oder angeschafft wurden, welche Erweiterungsstätten geplant sind, usw., usw. Aus die-

sem Infopool lassen sich relativ brauchbare Rückschlüsse auf die Unternehmensabsichten schließen – nichts anderes geschieht ja beim Aktienhandel an der Börse.

Die nächste Frageart sind die **Verschleierungsfragen**. Auch hier soll, wie es der Name vermuten lässt, die Absicht verschleiert werden, etwas zu erfahren, was der Gegner direkt nicht sagen würde. Das System der Verschleierung wird gebildet durch scheinbar »ungeordnete, zufällige Fragen«. Das System ist unverdächtig. Denn in unserer heutigen Zeit ist das ungeordnete Geplapper an der Tagesordnung. Wer kann schon noch richtig zuhören? Wer geht in die Tiefe im Gespräch, um sich für den anderen zu interessieren? Kaum einer, werden viele Leser sagen. Und das macht man sich in dieser Methode zunutze. Ein scheinbares Geplapper wird zur Falle.
Das geht im Allgemeinen aber nicht ohne eine gewisse Vorbereitung. Ad hoc wird es schwierig sein, denn das scheinbar ungeordnete System ist sehr straff und klar gegliedert.

Zum Einstieg:

Versuchen Sie, im nachfolgenden Bild eine Ordnung zu erkennen.

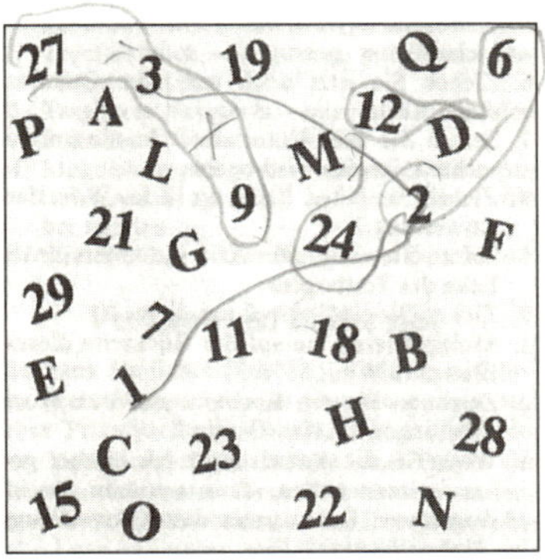

Nach Peter Ebeling, Das große Buch der Rhetorik, Wiesbaden 1981

Es gibt sie, diese Ordnung: Der erste Buchstabe des Alphabets steht auf der linken, der zweite auf der rechten, der dritte auf der linken Seite – usw. Ebenso sind alle ungeraden Zahlen auf der linken, alle geraden Zahlen auf der rechten Seite zu finden. Das Entscheidende bei Verschleierungsfragen ist, dass man selbst den roten Faden nicht verliert und stets durch Fragen in der Aktion bleibt.

Ziel:	Den Gegner damit in eine (vorbereitete) Falle locken!
Voraussetzung:	Vernetztes Denken, klares Ziel
Methode:	Scheinbar nicht dazugehörende Fragen stellen! Der Faden darf jedoch nicht verloren gehen! Der Fragesteller muss stets das Ziel im Auge behalten. Der Gegner darf das letztendliche Frageziel (die Falle) nicht erkennen. Er muss mit inhaltlich ständig wechselnden Fragen verwirrt, verunsichert und auch wütend gemacht werden.

Dazu ein Beispiel (sehr vereinfacht):
Sie wollen erfahren, ob Ihr (verheirateter) Kollege während seiner Dienstreise nach Hamburg auf der Reeperbahn war. Klar, freiwillig würde er das nicht zugeben. Alles, was Sie fragen, muss auf das Ziel gerichtet sein. Fragen, die scheinbar nicht dazugehören, müssen besonders gut gewählt, verteilt und kaschierend für die wesentlichen Fragen sein.

Beginnen Sie mit harmlosen Fragen: »*Wie war's in Hamburg?*« – »*Schön.*« – »*Und wie war das Wetter?*« – »*Ein bisschen zu kalt.*« (Erster Hinweis: Es war keine Vergnügungs-, sondern eine

Dienstreise; da spielt das Wetter keine Rolle). *»Gegen schlechtes Wetter kann man sich wappnen. Richtige Kleidung und was Wärmendes von innen.« – »Ja, stimmt!«*
Jetzt müssen andere Fragen gestellt werden: *»War denn die Autobahn frei?« – »Es ging.« – »Sind die Spritpreise da oben wirklich so teuer?« – »Kommt darauf an, wo man tankt.« – »Na ja, im Stadtgebiet werden die ja wohl höher sein?« – »Das kann man wohl sagen, zum Teil 20 Cent teurer als am Stadtrand. Aber da war ich ja nicht.« – »Hauptsache, Sie haben die Quittungen für den Spesenersatz. Und die Gastronomie?« – »Unverschämt hohe Preise. Man isst am besten einen Döner.«* (Nächster Hinweis: Döner isst man nicht, wenn man Spesenersatz bekommt. Auf den Vergnügungsmeilen sind Döner, Wurstbuden und Schnellimbisse allerdings geeignet, Zeit und Geld für das »Wesentliche« zu sparen oder / und sich nach einer »Entspannung« nochmals zu stärken).
»Sie haben doch in Ihrer Wohnnähe auch so eine Dönerbude?« – »Ach, die können Sie vergessen.« – »Warum das denn?« – »Billiges, fettes Fleisch und nix los!« – »Das ist in Hamburg sicherlich anders. Ich war mal vor Jahren auf der Dings, äh ... Reeperbahn. Da gab es nur diese öden Fischbuden. Hat mich richtig angeekelt. Gibt's die heute auch noch?« – »Kaum. Die meisten sind Döner- und ...!«

Soso! War er also doch da! Woher wüsste er das sonst?

Einigen mag dieses Beispiel zu banal vorkommen. Das wird daran liegen, dass das Frageergebnis bekannt ist – also beiden. *»So einfach geht's nicht, das ist durchschaubar!«* gilt nicht, weil der Leser sich selbst in die Lage des Kollegen versetzt: *»Das würde ich nie sagen!«* Prima, vorausgesetzt, Sie haben es mit einem durchschaubaren Vorgehen zu tun. Wenn ein Fragesteller aber scheinbar harmlose Fragen stellt und Sie nicht wissen, worauf er hinauswill, kann es eng und gefährlich werden. Im

Allgemeinen hält man ein solches Fragespielchen beispielsweise für kollegiales Interesse – ohne Hintergründe.
Das aber genau ist die Methode. Durch ablenkende Fragen soll das eigentliche Ziel vollkommen unklar bleiben.
Diese Methode erinnert einige sicherlich an das Kreuzverhör. Diese Methode unterscheidet sich allerdings dadurch, dass die Fragen harmlos und eher verwirrend sind. Hier steht (scheinbar) die Banalität des Fragens im Vordergrund.
Beim Kreuzverhör stehen die geschliffenen und markant vorgetragenen Fragen im Vordergrund, um den Gegner quasi »mürbe zu prügeln«.
Eher hat diese Methode Gemeinsamkeiten mit den Fangfragen. Aber auch die Fangfragenmethode ist – wie das Kreuzverhör – eine geradlinige Methode. Ein Profi wird nicht lange benötigen, um herauszufinden, dass man ihn mit einer scharfen Technik aufs Kreuz legen will.
Das ist bei dieser Methode anders. Der Fragesteller muss schauspielerisches Können besitzen, weil er harmlos, gelangweilt und auf Nebeninformationen gerichtet wirken muss. Der Gegner soll in eine trügerische Sicherheit versetzt werden. Diese Methode nützt vor allem die Erkenntnis aus, dass Menschen gerne bereit sind zu reden, wenn ihnen jemand aktiv zuhört und sich für sie interessiert, ohne sich gleich selbst mit Belehrungen und Besserwissereien ins Gespräch einzubringen.

Etwas einfacher sind die **Konjunktivfragen** – aber keinesfalls ungefährlicher! Auch hier nützt man aus, dass Menschen gerne bereit sind, ihren Blick in die Zukunft preiszugeben und darüber zu sinnieren. Der Konjunktiv (Möglichkeitsform) schafft die Grundlage: *»Was wäre, wenn …?« – »Dann wäre das … oder das … und XYZ …!«* Verlassen Sie sich darauf, die meisten Menschen antworten, wenn sie gefragt werden, auch bei Konjunktivfragen. Lediglich ausgebuffte Rhetoriker lassen sich damit nicht aufs Kreuz legen. So fegte der CSU-Politiker Franz Josef Strauß solche Fragen mit der Antwort vom Tisch: *»Ich beschäftige mich nicht mit hypothetischen Fragen!«* Gelernt haben die meisten nichts daraus. Im täglichen Talkshowgeschnatter wird geredet, was Zeit und Unsinn hergeben. Nur gesagt wird nicht viel.

Wieder ein Beispiel, was man mit dieser Fragetechnik anstellen kann:

Da sitzt ein Versicherungsvertreter bei Familie Knuffke und möchte die Unterschrift für einen Lebensversicherungsvertrag haben. Die Familie weiß durch die Medien (oder auch aus Erfahrung), dass man nicht am selben Tag unterschreiben, sondern eine Nacht darüber schlafen sollte. Das weiß der Vertreter natürlich auch. Darum greift er zu einer List und stellt eine Konjunktivfrage: *»Herr Knuffke. Gesetzt den Fall, Ihr Chef will Ihnen 1000 Euro schenken. Würden Sie das Geld annehmen?« – »Na, klar! Was denken Sie?«*

Patsch! Schon (fast) reingefallen. Jetzt muss der Vertreter nur noch geschliffen argumentieren, dass bei Unterzeichnung zum heutigen Stichtag auf die Laufzeit 5000 Euro gespart werden. Unausgesprochen: *»... wenn Sie die 1000 Euro vom Chef nicht verschmähen, werden Sie doch nicht so dumm sein, meine 5000 Euro in den Wind zu schlagen!«*

Ein weiteres Beispiel:

Zwei Akteure verhandeln über die Streitpunke A, B und C. Doch die Verhandlung stockt, es gibt offensichtlich keinen Verhandlungsspielraum mehr, weil man sich in Punkt B nicht einig ist. Teilnehmer 1 sagt: *»Es hat keinen Sinn, jetzt noch weiterhin unsere Zeit zu verschwenden. Jetzt müssen die Gerichte entscheiden!«* – klappt die Akten zu und will aufstehen.

Jetzt setzt Akteur 2 die Konjunktivfrage ein: *»Herr Kollege, gesetzt den Fall, wir würden nochmals in einige Details gehen und zu*

einer Lösung des Punkts B kommen. Wie sähe dann Ihre Entscheidung aus?« – »Jaaa, das habe ich Ihnen ja vorhin bereits gesagt. Wir wollen vor allen Dingen, dass ...!« Usw., usw.
Ist wirklich schon alles vorbei? Oder gibt es nicht vielleicht doch noch einen Verhandlungsspielraum? Die Konjunktivfrage hilft das auszuloten.

In diesem Zusammenhang soll eine weitere Fragetechnik genannt werden, die ausgesprochen wirkungsvoll ist.
Dazu das (unangenehme) Beispiel:
Jemand fragt Sie kategorisch: »*Haben Sie das fertig gemacht / getan – ja oder nein?*« Da werden sich einige fragen, ob sie vor einem Kriegsgericht stehen. Nur, wenn es wichtige Leute sind, kann man das nicht sagen. Doch man kann etwas anderes tun, was diejenigen (legal!) zur Weißglut bringt: die **Hintergrundfrage**.
Sie lautet in der Grundform: »*Was ist der Hintergrund Ihrer Frage?*«
Klar, dass jetzt die nächste Angriffswelle rollt: »*Weichen Sie nicht aus! Beantworten Sie meine Frage klipp und klar, haben Sie ... ja oder nein?*«
Jetzt beginnt die Hintergrundfrage zu wirken: »*Ich möchte Ihre Frage* ***korrekt*** *beantworten. Aber mir fehlen dazu noch Informationen. Was also ist der* ***Hintergrund*** *Ihrer Frage ...?*«
Das machen Sie dreimal. Und dann beißt der Gegner vor Wut ins Treppengeländer. Und Sie selbst sind fein raus. Schließlich wollten Sie ja ... aber man hat Sie nicht ... und dafür können Sie nichts!

Ebenso zu erwähnen ist die **Abwehr von Ja- oder Nein-Fragen**. Viele Menschen, oft eingeschüchtert durch das (einstudierte!) grimmig-drohende Verhalten eines Juristen, Chefs, Ordnungshüters, Richters usw., antworten mit Ja oder Nein. Fatal, was daraus entstehen kann. Doch es gibt den Ausweg, diese Fest-

nagelung durch ein einfaches Beispiel vom Tisch zu fegen, indem man ein Thema als Beweis bringt, welches man in »feiner Gesellschaft« nicht unbedingt anschneidet: Sex, Aids und die Folgen.
Zunächst gilt: Man kann jemanden nur dann in die Zange nehmen, wenn er die Antworten nach dem Muster der Fragen gibt: *»Weichen Sie nicht aus! Haben Sie, ja oder nein?«* Also der Befragte muss so reagieren, wie es der Angreifer geplant hat.
Jetzt greift der Ausweg: *»Herr XY, es gibt Fragen, die kann man nicht mit Ja oder Nein beantworten. Wenn man fragt: Bekommt man vom Geschlechtsverkehr Aids? – dann gibt es keine Antwort »ja« oder »nein«. Dann muss man Bedingungsfaktoren einführen, um diese Frage korrekt zu beantworten.«*
Auch ein Nachtarocken *(»Sie wollen ja gar nicht ...!«)* kann gut abgewehrt werden mit der Hintergrundfrage: *»Wer an der Wahrheit interessiert ist, muss wissen, was er sagt. Ich will der Wahrheit zum Sieg verhelfen. Darum also nochmals: Was sind die Hintergründe?«*

4.7 Rabulistik – Worte und Inhalte verdrehen

Klar, es gibt die Eristiker, die Sophisten ... und die Rabulisten. Ein Blick in den Duden – und man erfährt, dass es zwar Definitionsunterschiede gibt. Aber im Grunde wollen alle drei Typen mit Techniken nur eines: den anderen hinters Licht führen, argumentativ aushebeln, fertig machen!
Eine Methode ist jedoch besonders beliebt: **Rabulistik** (lat. *rabula* = Zungendrescher). Es ist die spitzfindige Wortverdreherei (siehe hierzu auch Wolf Ruede-Wissmann: »Auf alle Fälle Recht behalten, Dialektische Rabulistik – die Kunst der überzeugenden Wortverdreherei«, Wirtschaftsverlag Langen Müller / Herbig; ISBN: 3-7844-7251-6).

Dass es nur um die Wahrheit geht, meinte schon 1959 (Sinnzitat) Konrad Adenauer (erster Bundeskanzler der BRD):

»Der Russe, meine sehr verehrten Damen und Herren, der Russe, der wartet doch förmlich auf jedes Wort aus meinem Munde – und wenn ich mal wat Falsches jesagt habe, dann doch nur, um den Russen zu täuschen ...!«

Die folgenden Bezeichnungen sind »normale Sprache«. So spricht man, wenn man verstanden werden will. Doch Worte sind mit Werten besetzt. Und ein Wert kann ja bekanntlich hoch oder niedrig sein. So findet sich mindestens ein halbes Dutzend Bezeichnungen für das Körperteil, auf dem man sitzt. Aber jede Bezeichnung hat einen anderen Wert – bzw. der Empfänger »hört« es anders. So kann man z. B. sagen: *»Setzt dich endlich auf deine vier Buchstaben!«* Das kann man in jeder Gesellschaft sagen. Sagt man aber: *»Setz dich endlich auf deinen Arsch!«* – dann erzeugt das Konflikte.
Man muss darum Worte und Begriffe so ersetzen, dass sie den Wert ergeben, den man sich wünscht. Und wer wünscht sich schon »Bestechung«? Man sage stattdessen lieber »Einfluss, Verbindung«. Das klingt schöner, weicher und harmloser. Dass

dennoch Bestechung Bestechung bleibt, ist nur etwas für Ethikfreaks und Sozialromantiker. Oder finden Sie »sparen« gut? Wenn nicht, dann sagen Sie doch lieber »antizyklische Finanzstrategie«. Das hört sich doch nach was an! Und wenn Ihnen »Völkermord« widerwärtig ist, dann ersetze man das durch den Begriff »ethnische Säuberungen«.

• Bestechung	=	Einfluss, Verbindung
• Bestechungsgelder	=	Auftragsbeschaffungskosten
• Atommüllkippe	=	Entsorgungspark
• Sparaktionen am Bau	=	schlichte Zweckmäßigkeit
• Verlags-Sparprogramm	=	generelle Neuausrichtung
• ungepflegter Rasen	=	spontane Begrünung
• fehlende Straßenpfosten	=	Fahrbahnrandliberalisierung
• Sparen	=	antizyklische Finanzstrategie
• gezielter Todesschuss	=	finaler Rettungsschuss
• umbringen, töten	=	ausschalten, neutralisieren
• Terrorangriffe	=	Raketen lenken sich ins Ziel
• zerfetzte Leiber, Ziviltote	=	Kriegsnebenschäden / Kollateralschaden
• Völkermord	=	ethnische Säuberungen
• robustes Mandat	=	Kampf- und Tötungserlaubnis

Überzeugende Beispiele von Kriegsrhetorik gibt Marcus Knill (Knill + Knill Kommunikationsberatung Knill.com):

• Enthauptungsschlag	=	Bombenhagel auf Regierungsgebäude
• chirurgischer Eingriff	=	Zerstörung von Häusern und Leben
• Menschen befreien	=	ein Land angreifen
• Das gibt keinen halbherzigen Feldzug	=	Ankündigung eines grauenhaften Luftschlags
• Saddam ablösen	=	Saddam töten

• intelligente Waffen	=	GPS-gesteuerte Waffen, die vernichten
• Die Truppen sind herausgefordert	=	viele eigene Verletzte
• Wir haben logistische Probleme	=	schlecht geplanter Feldzug
• Wir degradieren diese Kräfte	=	Wir töten viele
• usw.		

Wer Krieg führt, so schreibt Knill, ist darauf bedacht, die Sprache für sich zu nutzen. »Für sich zu nutzen« heißt jedoch meistens, den Sachverhalt zu verdrehen, um ihn harmloser oder schlimmer darzustellen – je nach Absicht. Die Sachverhalte werden verdreht, um sie in einer Weise darzustellen, die nicht der Wahrheit entspricht. Das nennt man »Rabulistik«.

In einer Zeitungsbeilage der *tz* 2006 wurden unter dem Titel *Wenn die Traufe mit der Pfette kommuniziert* folgende rabulistische Beispiele gegeben, was sich konkret hinter den schönen Formulierungen verbirgt:

... urbane Quartiersfreiräume
Hier ist alles restlos zubetoniert.
... naturnahe Freiräume entlang der Aue
Völlig verwahrloste Flussufer voller Gestrüpp, wo alles vor sich hinfault.
... enger Dialog zwischen Architektur und Freiraum
Schachtelbauweise, um möglichst viele abrechenbare Quadratmeter Wohnfläche herauszuholen.
... pragmatische Grundhaltung des Gebäudes
Das Haus ist oberlangweilig, potthässlich und billig.
... offenes Raumkontinuum
Hier hat der Architekt wohl die Zwischenwände vergessen.

... das Haus nimmt die Formensprache der bestehenden Bebauung auf
Es sieht so unmöglich aus wie die anderen Häuser ringsherum. Kopiert!
... typologisch einfaches Wohnhaus
Es kommt aus dem LEGO-Kasten.
... klare Linien verstärken die Perspektive
Ein Schuhkarton auf der grünen Wiese.
... der schlichte Baukörper nimmt sich bewusst gegenüber der benachbarten Bebauung zurück
Der Architekt konnte mit den tollen Ideen ringsum einfach nicht mithalten.
... naturbelassene spontane Begrünung um den Ökoteich
Alles voller Unkraut – ungepflegt, fault stinkend vor sich hin. Mückentümpel.

Viele Leser werden sich an die Schönformulierungen von Urlaubskatalogen erinnert fühlen. Wer Ruhe sucht, sollte kein Hotel buchen, welches im Katalog beschrieben wird mit »... internationales Publikum«. Und wer direkt am Strand Urlaub machen will, buche keinesfalls ein Hotel, welches im Katalog beschrieben wird mit »... der Strand ist bei Überqueren einer Verkehrsstraße sehr leicht zu erreichen«.

Wie »funktioniert« nun Rabulistik? Umgangssprachlich ist zunächst Rabulistik

die Kunst der überzeugenden Wortverdreherei.

Der Rabulist ist demzufolge ein Wortverdreher. Es geht darum, erst Worte (siehe Beispiele oben), dann damit in spitzfindiger geschickter Weise die Inhalte »umzudrehen«. Jeder von uns kennt das Ergebnis. Der Politiker verdreht alles zu seinen Gunsten. Im Grunde, so seine Konklusion, war alles nur zum

Nutzen der Bürger. Das erinnert fatal an die Juristen, die ein Opfer dahin bringen, noch dankbar zu sein für die Tat des Täters.

Dazu ein Beispiel:
Ein junger Reporter interviewt einen ausgebufften Politiker und wirft ihm vor: *»Sie haben gelogen! Damit schaden Sie sich und ...!«* Usw.

Analysieren wir diese Aussage zunächst. Es sind darin zwei Schlüsselbegriffe zu finden: *gelogen* und *schaden*.
Zu beiden Begriffen muss man nun in der einfachsten Form die Gegensätze finden. Also:

Gegensatz zu	*»gelogen«*	ist	*»die Wahrheit«*.
Gegensatz zu	*»schaden«*	ist	*»der Nutzen«*.

Jetzt kann man schon eine einfache Antwortform konstruieren: *»Ich sage die ... Wahrheit, ... und die nutzt ... allen!«*

Nun, das reißt niemanden vom Hocker. Aber diese Grundform steht, und sie ist wichtig. Jetzt muss man »relativieren«, also die Worte verdrehen bzw. den gleichen Sachverhalt mit anderen Worten und somit Werten versehen – siehe oben. Man beginne mit »Lüge«. Was ist eine Lüge? Es ist doch eine »Abweichung von der erkannten Wahrheit« – was sonst? Und warum tut man das? Jetzt ist doch die ewige Frage nach dem »Nutzen« eingebracht. Warum? Tja, Sie alle kennen das Wort: Wer miteinander redet, schießt nicht aufeinander!
Der Begriff »Kommunikation« ist positiv besetzt. Also ist »Kommunikation« doch menschlich wertvoll – oder? Dass es auch eine üble, gemeine und negative Kommunikation gibt, scheint vielen nicht bewusst zu sein. Der Nutzen ist also die Kommunikation.

Und jetzt müssen »Werte« eingebracht werden. Warum tun wir das, was bringt es, was soll das? Diese Fragen kennen Sie. Was ist der Wert jeder Kommunikation? Er ist »menschlich wertvoll« – ganz einfach!

Nochmals das **System**:

Lüge ... Nutzen ...	Abweichung von der Wahrheit Kommunikation
Jetzt Werte einbringen: Kommunikation ist ...	menschlich wertvoll!

Damit ist die Möglichkeit geschaffen, den Journalistenvorwurf mit der Profiantwort des Politikers zu widerlegen, ja sogar zum Angriff zu blasen:

Journalist: *»Sie haben gelogen! Damit schaden Sie sich und andere ...!«* Usw.
Politiker: *»Das war nur ein taktisches **Abweichen** von der erkannten **Wahrheit**, um die **Kommunikation** aufrechtzuerhalten. Wenn Sie das ablehnen, dann lehnen Sie menschliche Kontakte ab, die doch **wertvoll** und nützlich sind. Wollen Sie das? Sagen Sie es den Zuschauern? Na, sehen Sie!«*

Was also muss man tun?

1. Man sucht zu den Schlüsselbegriffen des Gegners Gegensätze und / oder Synonyme.
2. Man relativiert diese (siehe Wortverdrehungen).
3. Man bindet diese in ein »Wertesystem« ein ... und argumentiert dagegen.

Ein Beispiel aus der Politik:

> *»Eine zeitweise falsche Darstellung ist, wenn sie der Wahrheit dient, entschuldbar.«*
>
> Hessens CDU-Fraktionschef Norbert Kartmann zur Falschaussage von CDU-Ministerpräsident Roland Koch vor der Presse am 10. Januar 2000

Grundsätzlich ist die Beziehung auf eine gesellschaftlich aktuelle Position nahezu unangreifbar. Wer hätte nicht die ganzseitigen Zeitungskampagnen prominenter Sportler und Schauspieler vor Augen, die alle Toleranz und Verständnis für unsere ausländischen Mitbürger einfordern? Doch diese Promis wohnen nicht mit ihren Kindern in Wohnblocks mit einem Anteil von drei Vierteln ausländischer Bewohner, sondern in großzügigen Villen, schön abgeschirmt von jeglichem Lärm, in Kitzbühel, Grünwald, Blankenese, Mallorca etc. Und sie alle kämpfen für den Tierschutz, gegen die Entrechtung der Tiere, gegen Pelze ... und sind doch gierig und geil darauf, in Shows aufzutreten, in denen Tiere zu widernatürlichen Kunststücken gebracht werden, über die nur Menschen lachen können. Hauptsache, man hat »Presse«. Es muss eben richtig »verkauft« werden. Oder genauer gesagt, man muss die Sachverhalte so verdrehen, dass nur Gutes dabei herauskommt – Rabulistik.

Wie eine Wortverdreherei in der Politik praktisch aussieht, sei an folgendem Beispiel demonstriert:
Ein Politiker hatte sich von einem Unternehmer zu einer Schiffsreise mit anderen Wirtschaftsfunktionären einladen lassen. Die Presse bekam Wind davon und stellte ihn mit dem Vorwurf »Bestechlichkeit« zur Rede.

Der Politiker antwortete: *»Das Ereignis* (Einladung) *ist nicht negativ zu werten, denn es geht bei verantwortlichen Politikern in je-*

der Volkswirtschaft um Einfluss und Verbindungen, damit Investitionen in Deutschland und nicht im Ausland getätigt und deutsche Arbeitsplätze geschaffen werden.«
Daraufhin sagte der Interviewer: »*Diese Logik und diesen Zusammenhang bezweifle ich aber ...!*«
Und jetzt kommt eine mustergültige Wortverdreherei: »*Wenn Sie das bezweifeln, dann fragen Sie mal die vielen Arbeitslosen, was denen wichtiger ist: ob ein Politiker seine Verbindungen in der Wirtschaft nutzt, um Arbeitsplätze zu schaffen, oder ob er ihrer Darstellung folgen soll und sie somit arbeitslos bleiben?*«

Und was tun, wenn man einem solchen ausgebufften Rabulisten begegnet, der so geschliffen argumentiert – man sich selbst aber zum Profikontern noch zu unerfahren fühlt?
Halten Sie sich an diese Vorgehensweise:

1. Versuchen Sie nicht, sofort besser zu sein. Der Rabulist wird Fallen auslegen!
Darum:
2. Fragen, fragen und fragen Sie! Mit Fragen aushebeln! Bewahren Sie Disziplin.
3. Bringen Sie sich nicht sofort ins Gespräch mit Infos und / oder Besserwissereien ein. »Spielen« und gewinnen Sie mit Infos, die nur Sie kennen, und binden Sie diese in Gegenargumentationen ein.

Doch bedenken Sie, was bereits in Abschnitt 4.2 dargestellt wurde, nämlich dass es eine rabulistische Taktik ist, auf Fragen *nicht* zu antworten. Der Bullfighter muss darum **beide Taktiken beherrschen** und auf ihre Anwendung gefasst sein. Und noch ein wichtiger Hinweis: Wem es nicht gelungen ist, den anderen argumentativ in die Ecke zu drängen, bei dem wird

Adrenalin freigestetzt – und es wurmt. Die Faust ist in der Tasche geballt. Doch jetzt heißt es »Disziplin wahren«. Gehen Sie lieber mit erhobenem Haupt aus der Situation, als sich argumentativ in sinnlosen Details zu verlieren.
Es gilt dann die Regel:
Die Rache ist ein Gericht, das wird kalt genossen!
Die Leser werden beobachten können, dass die Mehrheit der kontroversen Diskussionen in Detailkämpfe ausartet. Niemand hört mehr zu, jeder versucht seine Argumente abzulassen. Ziemlich sinnlos ist das, denn der andere ist doch schon wieder mit seinen eigenen Gegenargumenten beschäftigt. Von Zuhören keine Rede mehr.

4.8 Rhetorisch-dialektische Fallen / Killerphrasen

Wertfrei meint Dialektik *die Kunst, die zwischen verschiedenen Standpunkten versteckte Wahrheit durch Rede und Gegenrede zu suchen*, insbesondere das Aufdecken von Widersprüchen. Kurz gesagt: **Es ist die Kunst zu überzeugen.** Doch wovon soll jemand überzeugt werden? Von der Wahrheit oder der Unwahrheit? Beides ist »logisch« möglich. Und damit ist angedeutet, dass es »faire« und »unfaire« Dialektik geben kann. »Ein Mensch von bestechender Dialektik« – aber ist diese fair oder unfair? Sagt dieser die Wahrheit, bzw. interessiert er sich dafür, oder will er nur seinen Standpunkt vertreten? Wie lässt sich das feststellen, welche Abwehrmöglichkeiten gibt es für Sie, und lässt sich Dialektik erlernen?

Hauptsächlich werden zwei zentrale Begriffe angesprochen: Logik und Wahrheit in der Dialektik. Zunächst einmal zum Begriff Dialektik selbst. Ebenso wie die Rhetorik galt die Dialektik bei den »alten Herren aus Griechenland und Rom« als Gipfel der Bildung. Aus der **Kunst, gut zu reden** *(ars bene dicendi)* in der Antike hat sich über unterschiedliche Formen in den Jahrhunderten heute ein breites Feld der »Gebrauchsrhetorik und Dialektik« herausgebildet, welches z. B. im Geschäftsleben und in der Politik zeitgemäße Ausdrucksmittel miteinander verknüpft. Mit der klassischen Rhetorik und Dialektik zur »Wahrheitsfindung« hat das nur noch wenig zu tun, und eine rein akademische Vermittlung der Rhetorik ist für das tägliche Geschäftsleben schlicht unbrauchbar.

In der Politik, in der ohnehin andere Maßstäbe gelten, hat stets der den Erfolg, der ein gerissener Fuchs ist, weil es für ihn immer mehrere »Wahrheiten« gibt, mit denen man Wähler täuschen und die Ehrlichen und Redlichen kräftig übers Ohr hauen kann. Entsprechend haben Rhetorik und Dialektik der meisten Politiker einen schlechten Ruf. Dass das nicht immer so war, zeigt ein kurzer historischer Rückblick. Ausgangspunkt der Rhetorik war ein bis heute ungelöstes Problem: das Naturrecht. Heraklit von Ephesus (griech. Philosoph, 550–480 v. Chr.) lehrte den Wandel aller Dinge als ständige Aufeinanderfolge und Ablösung von Gegensätzen. Hierunter war zu verstehen, dass zwischen menschlicher Ordnung und natürlichem Sein eine wesensmäßige Einheit bestehe, die Heraklit als Einheit von Nomos (Gesetz, Sitte, Ordnung etc.) und Physis so lehrte: »Alle menschlichen Gesetze nähren sich aus dem göttlichen Einen.« Der griechische Philosoph Aristoteles (384–322 v. Chr.), dessen universales Werk Grundlage für die abendländische Philosophie ist, entwickelte zur Dialektik den »Syllogismus« als »Schlusskunst«, bei der alle Beweise logisch und schlüssig vorgetragen werden mussten. Nach dieser Vorgehensweise wurde von zwei vorangegangenen Aussagen verbindlich auf eine dritte Aussage als Beweis geschlossen. Ein Kontrahent musste nun entweder die logische Schlüssigkeit angreifen und »besiegen«, oder er hatte die Möglichkeit, zu einer der vorausgegangenen Aussagen einen Beweis zu fordern, der dann von dem Angegriffenen wiederum in der gleichen, syllogistischen Vorgehensweise erbracht werden musste. Man stelle sich eine solche Vorgehensweise perfekter dialektischer Kunst, in der allein das größere Wissen, die Beherrschung der Logik und die Beweiskraft der Argumente als objektivste Technik zur Wahrheitsfindung die Regel sind, heute in einem Politikergespräch vor. Unvorstellbar! Die heutige Regel lautet: mediengerechte, psychologische, manipulative, wähler- und effektheischende Selbstdarstellung. Wegen »Gottlosigkeit« wird heute niemand mehr verurteilt. Anders der griechische Philosoph Protagoras (480–410 v. Chr.), der als bedeutendster Sophist mit der Maxime »Der Mensch ist das Maß aller Dinge« neue Fragen nach der Wahrheit schuf. Die Sophisten des antiken Griechenland lehrten, dass es keine »alles überragende Wahrheiten« gebe, sondern nur eine »relative, auf den Menschen bezogene Wahrheit«. Erst aufgrund der Mehrheit, die nur durch Überzeugung oder Überredung der anderen mittels der Rhetorik gewonnen wird, wird sie zur »absoluten Wahrheit«. Danach war also die Mehrheitsmeinung der Maßstab für die Wahrheit, geschaffen durch die Rhetorik. Doch wer wüsste heute nicht, dass auch die Mehrheit im Unrecht sein kann, weil sie z. B. durch Massenmedien manipuliert wurde? Der »Sophismus« gilt darum als ein Scheinbeweis und Trugschluss, der mit Täuschungsabsichten gemacht wird. Ein »Sophist« ist heute jemand, der in geschickter und spitzfindiger Weise etwas mit Worten zu beweisen versucht, ebenso wie der Rabulist, der in spitzfindiger, kleinlicher, rechthaberischer Weise argumentiert und dabei oft den wahren Sachverhalt verdreht.

So bleibt nur festzuhalten, dass zu allen Zeiten Menschen versucht haben, andere Menschen durch das gesprochene Wort zu überzeugen, zu beeindrucken, zu führen – aber auch zu verführen.

Die hehren Maßstäbe griechischer Debattierkunst zur Wahrheitsfindung gelten heute weder in der Politik noch in Wirtschaft, Kirche oder Gesellschaft, sondern bestenfalls in akademischen Zirkeln. Es geht, wer wüsste das nicht, auch nicht mehr darum, die »Wahrheit zu finden oder der Wahrheitsfindung zu dienen«, sondern im Kern einzig und allein darum, Macht zu bekommen und zu erhalten, das Patriarchat und Pfründe zu sichern und ohne Rücksicht Recht zu bekommen. Dass dieser »Kern« allerdings mit »demokratischen, sozialen, menschenfreundlichen, ehrlichen« Falsch- und Lügenpackungen von Gruppen bzw. Personen jeglicher Couleur kaschiert wird, ist hinreichend bekannt. Geblieben sind aus den antiken und mittelalterlichen Ansprüchen zur Wahrheitsfindung nur die Bezeichnungen »Rhetorik und Dialektik« – die Ansprüche selbst sind in des Wortes doppelter Bedeutung »antik« und »mittelalterlich«. Es hat darum auch keinen Zweck, eine »zeitgemäße« Definition für diese historischen Begriffe zu finden, denn sie würde – wie immer sie lautete – den ursprünglichen Vorstellungen zur Wahrheitsfindung blanken Hohn sprechen. Begnügen sollten wir uns mit der einfachen Definition:

Dialektik ist die Kunst zu überzeugen,

wie und mit welchen Mitteln das auch immer geschieht. Hinter dieser kurzen Definition verbirgt sich dennoch ein faszinierendes Gebiet, welches als Frage-und-Antwort-Spiel zur Wahrheitsfindung über die missbräuchliche Verwendung, um das Falsche wahr und das Wahre falsch erscheinen zu lassen, reicht.

Die heutige Dialektik lässt sich grob in *faire* und *unfaire Dialektik* einteilen. Beide Formen können sowohl auf der Sach- als auch auf der Beziehungsebene bzw. auf beiden Ebenen eingesetzt werden. Die Grenzen sind dabei fließend. Es ist nicht möglich zu behaupten, Vorgehensweise A sei ausschließlich fair und B unfair. Das mag bereits an der groben Einteilung »fair / unfair« liegen, die schon ein Werturteil impliziert: Fair ist das, was gut ist – unfair ist das, was schlecht ist. Eine Relativierung ergibt sich dann, wenn nach dem »Ziel« gefragt wird: Was soll durch Dialektik erreicht werden? Soll z. B. der »Wahrheit« zum Siege verholfen werden, unabhängig davon, wer sie vertritt – und was ist dann »die Wahrheit« und was ist »Recht«? Ein baden-württembergischer Ministerpräsident schwäbelte einst über das Verhältnis des nationalsozialistischen Rechts zum heutigen Recht: *»Was damals Recht war, darf heute nicht Unrecht sein!«*

Gibt es z. B. eine »absolute« und eine »relative« Wahrheit? Oder reicht statt »Wahrheit« die »Gewissheit«? Das Erreichen der Gewissheit auf dem Wege der Wahrheitsfindung wird von vielen Zeitgenossen als höchste Stufe der Erkenntnis vertreten, weil »absolute Wahrheiten« nicht erreichbar sind. Doch die Gewissheit ist ein psychischer Zustand, der es schwer (und oft unmöglich) macht, das Wissen, welches man hat, anzuzweifeln und infrage zu stellen. Entscheidend ist allerdings, wie, durch wen, auf welchem Wege und mit welchen Mitteln dieses Wissen erworben und demzufolge wer »überzeugt« wurde. Wurde man überzeugt oder nur wortreich »überredet«? Wenn Überzeugung erreicht werden soll, dann muss versucht werden, den Gegner mit eigenen Erkenntnissen auf »logisch-dialektischem Wege« so zu beeinflussen, dass es bei ihm über die »Wahrscheinlichkeit« zu einer steigenden Gewissheit und damit zur »Überzeugung« kommt, dass unsere Position die richtige ist. Doch damit wurde zweifelsfrei »manipuliert« – also ist selbst faire Dialektik selbstverständlich auch »Manipulation«, gleichgültig, ob diese nun durch eigene, ehrliche Überzeugung oder durch »Recht-haben-Wollen um jeden Preis« erfolgt. Unfair wird in diesem Zusammenhang alles das, was auf der Ebene der emotionalen Beziehungen meist mit persönlichen (unfairen) Angriffen verbunden wird.

Um Dialektik erfolgreich in der Praxis anzuwenden, muss diese in der Grundform einfach sein – das ist eine ganz zentrale Erkenntnis aus unseren Seminaren, die »die Kunst des Überzeugens« zum Inhalt hatten. Und zwar nicht deswegen, weil den Teilnehmern die Materie generell »zu kompliziert« war oder nicht verstanden wurde, sondern einzig aus dem Grund, weil jede Diskussion und Argumentation emotional besetzte Werte und Aspekte hat. Emotionen aber verdecken und verhindern sehr oft eine logisch-nüchterne Vorgehensweise. Damit soll gesagt werden, dass ein simples »Übertragen« vieler Empfehlungen zur Vorgehensweise in der Dialektik (und ebenso ihre Abwehr!) in die Alltagsrhetorik nicht »funktionieren« kann. Erst das ständige Üben bringt den erwünschten Erfolg. Enorm wichtig hierbei: Verschaffen Sie sich ständig kleine Erfolgserlebnisse und lassen Sie sich von »Misserfolgen«, ob anfänglich oder später, nicht demotivieren! Hier gilt im übertragenen Sinne eine alte Verkäuferregel: **Wer nicht über sich selbst lachen kann, sollte nicht verkaufen**!

Ein weiterer Aspekt muss im Zusammenhang »Erlernen dialektischer Gesprächsführung« aufgezeigt werden, der einer alltäglichen Erfahrung entspricht. Als besonders fatal und störend erweist sich nämlich das Vor-Urteil, dass Schlagfertigkeit grundsätzlich als Zeichen besserer Disputationskunst angesehen wird. Das stimmt so nicht. Schlagfertigkeit ist zwar eine rhetorische Gabe, die bis zu einem gewissen Grad trainiert und als ein Zeichen der Überlegenheit gesehen werden kann, aber sie kann auch eine Falle sein. Sie wird sogar zu einer sehr üblen, folgenschweren Falle, wenn der Schlagfertige in seine eigene (schlagfertige) Fähigkeit »verliebt« ist und im Grunde darauf hofft und alles darauf abstellt, »mit einem Schlag fertig zu sein«. Als Sieger verlässt der Schlagfertige aber nur dann den Platz, wenn er ein Publikum hat, welches generell Schlagfertigkeit als Maßstab für einen Diskussionssieg wertet.

Die dialektische Gesprächsführung geht von drei zentralen Ansatzpunkten aus:

1. Wahrheit: Wahrheit, die nicht voll genannt wird und Wahrscheinlichkeit, welche in unterschiedlichen Stufen zur Gewissheit führt, die es als ein psychischer Zustand schwer macht, eine Aussage zu bezweifeln.
2. Logik: Als reiner Denk-Akt, der zur Wahrheit keine Stellung nimmt. Was »logisch« ist, muss nicht »wahr« sein.
3. Sprachspiele: Rhetorische Sprachspiele zur Schlagfertigkeit, die Aussagen in die richtige Sprache »verpacken« und / oder die bewusst verwirrend, irreführend etc. dazugehören und eingesetzt werden.

Zur »Wahrheit«:
Bekannt ist, dass Halbwahrheiten oft gefährlicher sind als Lügen. Der Grund ist sehr einfach. Wir Menschen suchen seit unserem Bestehen stets nach der Wahrheit. Je vielfältiger, umfangreicher und somit erdrückender die Informationen sind, die uns auf diesem Weg zur Wahrheit begleiten, uns »wahrhaft lenken« oder irritieren sollen, umso mehr sind wir bereit, ja oft dankbar, Anhaltspunkte aufzugreifen, nach denen wir auf diesem Weg gesucht haben. Sie erleichtern uns die Gewissheit, auf dem richtigen Weg zu sein. Wenn auch das letzte Quäntchen Wahrheit stets fehlt, so wird es die meisten Menschen nicht daran hindern, das bisher Erfahrene als »die Wahrheit« zu erkennen.
Zwar würde kein vernünftiger Mensch sich mit dem Argument

jenes Bankangestellten zufrieden geben, der seinem Kunden, welcher 100 Euro in Ein-Euro-Stücken forderte, aus einem Geldhaufen 80 Euro vorzählte und den Restbetrag mit der Bemerkung rüberschob: *»Die 80 Euro haben gestimmt, also wird der Rest auch stimmen.«* Doch in der Suche nach Wahrheit begehen wir in unserer Argumentation stets diesen Fehler. Es mag auch eine Rolle spielen, dass wir nicht immer bereit sind, die Mühen eines gänzlichen Beweises auf uns zu nehmen, und stattdessen nur bestimmte Informationen aufnehmen. Dadurch ist zu verstehen, dass Halbwahrheiten, die bestimmte Schlüsselreize implizieren, von uns besonders gefiltert und empfangen werden. Werden diese dann in eine logische Schlussfolgerung eingebunden, besteht für die meisten Menschen kein Zweifel mehr an der Wahrheit der Gesamtaussage – obwohl sie nur den Zustand der »Gewissheit« erreichen. Unschwer ist also zu erkennen, dass die Einbindung von Halbwahrheiten in den logischen Zusammenhang einer Argumentation hervorragende Manipulationsmöglichkeiten eröffnet.

Wer ist unlogisch? Frauen?

Dass Frauen mehr gefühlsorientiert statt logisch denken und argumentieren, ist übrigens nicht nur unter Männern ein weit verbreitetes Vorurteil. Männer denken logischer, sagt man(n). Und weil – ganz offensichtlich und beweisbar – Logik der Wahrheit näher ist als das Gefühl, ist die Frage, Recht oder Unrecht zu haben, präjudiziert. Natürlich zugunsten der Männer. Das erklärt auch, warum es nahezu ausnahmslos Männer waren und sind, die Gesetze machen, die Frauen betreffen ...
Doch heißt »logisch« auch gleichzeitig »wahr«?
Das Vorurteil »Frauen können nicht logisch denken« bringt verständlicherweise viele Zeitgenossinnen auf die Palme. Es ist ebenso diskriminierend wie:
»Frauen können nicht Auto fahren!«
»Frauen verstehen nichts von Politik!«

»Zum Führen gehört ein Mann!«
»Frau und Technik passen zusammen wie Igel und Türklinke!«
Usw.

Autofahren, Politik, Führung, Technik und andere Männerdomänen wurden erfolgreich auch von Frauen besetzt. Das Vorurteil »Frauen und Logik« ist geblieben. Das Gekreische militanter Feministinnen fördert dieses Vorurteil noch und vergrößert den Abstand zum gemeinsamen Konsens zwischen Mann und Frau. Dieser Weg kann wahrlich nicht empfohlen werden. Dennoch müssen sich Frauen auch gegen dieses Vorurteil wehren. Doch warum nicht der folgende Weg für Frauen?

1.	Sich selbst mit den Regeln der Logik vertraut machen (d. h. wissen und erkennen, wie man[n] manipuliert und argumentiert)
2.	Eventuell die Männer glauben lassen, dass das Vorurteil stimmt (also darauf aufbauen)
3.	Mit den gleichen Waffen zurückschlagen bzw. wirksame Abwehr betreiben

Die Logik ist das »Herzstück der Dialektik« und wird von den meisten Menschen als Straße zur Wahrheit empfunden; entsprechend wird der logisch denkende Mensch geachtet und bewundert. Menschen, die einen logischen Zusammenhang nicht verstehen, werden von ihren Kontrahenten mit dem Urteil »blöd, dumm, begriffsstutzig« etc. stigmatisiert. Unter klassischer Logik verstehen wir die Lehre vom Begriff, vom Urteil und vom Schluss, wobei insbesondere die »conclusio«, die Konklusion (Schlussfolgerung), besondere Aufmerksamkeit erfordert.

Die Regel in der sprachlichen Logik ist der »Syllogismus«, ein logischer Dreisatz, demzufolge von zwei vorhandenen Aussagen verbindlich / logisch auf eine dritte Aussage (Konklusion) geschlossen werden kann. Dazu ein geändertes Beispiel nach einem Scherz von Lichtenberg, bei dem der Begriff »nichts« zwei ganz verschiedene Bedeutungen hat:

*** Nichts ist besser als unsere Kanzlerin.
*** Ein warmes Bier ist besser als nichts.

*** Folglich ist ein warmes Bier besser als unsere Kanzlerin.

Mit solchen einfachen Beispielen des sprachlich-logischen Dreisatzes lässt sich eine Menge Verwirrung anstellen, weil die Schlussfolgerung nach den vorhergegangenen Sätzen und der Ableitung logisch, aber eben nicht wahr ist. Hinzu kommt, dass sprachliche Begriffe, Wörter, Namen, Bewertungen usw. emotional besetzt oder mehrdeutig sein können (Ambiguität). Dazu zwei Beispiele, in denen jeweils das Wort »Fuchs« und »Schlange« mehrdeutig verwendet werden:

*** Der Fuchs ist ein Vierbeiner.
*** Der Oppositionsführer ist ein Fuchs.

*** Folglich ist der Oppositionsführer ein Vierbeiner.

Oder:

*** Schlangen sind falsch.
*** Schöne Frauen sind Schlangen.

*** Folglich sind schöne Frauen falsch.

Auf diese Art lässt sich aus einem gewöhnlichen Betrieb mit Menschen ein ganzer Zoo machen. Entstehen kann dieses aber nur darum, weil Syllogismen eine gewisse Gläubigkeit erzeugen, indem sie vertraute Positionen oder Begriffe in einen logischen und damit (scheinbar) wahren Zusammenhang stellen. Dass damit einer trefflichen Manipulation Tür und Tor geöffnet wird, versteht sich von selbst.

Entscheidend – neben der logischen Ableitung – ist vor allem, dass die Anfangsaussagen akzeptiert werden. Diese Akzeptanz ergibt sich aus der Einbindung von Allgemeinweisheiten, gültigen Normen und Wertmaßstäben oder auch speziellen Erkenntnissen bzw. Weisheiten.
Dazu gibt es eine Vielzahl von Vorgehensweisen, die wir aus Gründen der Praxisorientierung auf zwei beschränken wollen. Um sich gegen faire und unfaire Dialektik wehren zu können, ist es nämlich nicht erforderlich, alle Varianten zu kennen. Dagegen ist es vor allem wichtig, dass die prinzipielle Vorgehensweise »Dialektik« erkannt wird. Dazu wollen wir zwei Grundformen darstellen:

1. **Deduktion**
2. **Induktion**

Vom Allgemeinen auf das Besondere schließen (Deduktion):
Die Deduktion ist die erste (und in der Praxis übliche) Grundform des logischen Schließens. Deduktion schließt vom Ganzen auf einen speziellen Teil bzw. vom Allgemeinen auf das Besondere. Mithilfe der logischen Regeln des Schließens können aus wahren oder wahr angenommenen Aussagen weitere Aussagen abgeleitet (deduziert) werden, die dann ihrerseits für weitere Deduktionen benutzt werden können.
Die Anwendung der Deduktion setzt Anfangsaussagen (Axiome) voraus, die ihrerseits nicht abgeleitet oder bewiesen werden. Üblicherweise werden solche Aussagen vorangestellt, die allgemein bekannt und / oder glaubhaft sind. Ein besonders erfolgreicher Weg ist dann gegeben, wenn es gelingt, vieldeutige Begriffe, Allgemeinplätze, gültige Werte und Normen etc. in die Axiome einzubauen, die zwar jeder kennt, zu denen aber meistens Definitionen nicht erwartet werden, weil diese Begriffe Allgemeinwerte besitzen, wie z. B. Heimat, Vaterland, Gerechtigkeit, Wahrheit, Demokratie, Frauenrechte, Rechts-

staatlichkeit, Ehrlichkeit, offene Gesellschaft, Nächstenliebe etc. Solche Begriffe sind mit Werten besetzt, aber ein Wert kann bekanntlich hoch oder niedrig sein. Als Beispiel dazu der Begriff »Heimat«. Keine andere Sprache dieser Welt kennt diesen Begriff so, wie wir ihn kennen und werten, und er kann auch in keine andere Sprache so übersetzt werden, dass dann darunter das Phänomen verstanden wird, welches wir unter »Heimat« verstehen. Aber was verstehen wir konkret darunter? Auch die deutsche Sprache hat dafür keine einheitliche, allgemein gültige Definition, weil die Werte und Normen, die an diesen Begriff gebunden sind, einfach zu unterschiedlich von jedem Menschen verstanden werden. Ähnlich verhält es sich mit anderen Begriffen, die Allgemeinplätze beschreiben. Die Verwendung dieser Begriffe ist also nicht nur ungefährlich, unverfänglich, sondern sogar sehr nützlich, weil sie meistens moralisch gültige Wertmaßstäbe implizieren. Auch die Emotionalitäten, die diese Begriffe auslösen, spielen eine große Rolle, z. B. »Ausländerfeindlichkeit« (wer will das schon?) oder »Frauenrechte« (wer will das nicht?).

Entscheidend in der deduktiven Vorgehensweise ist also, dass – vereinfacht – Allgemeinweisheiten verwendet werden. Die Grundform der Deduktion ist wiederum der sprachliche Dreisatz, gebildet aus:

a)	dem 1. Obersatz	(meistens eine Allgemeinweisheit) und
b)	dem 2. Obersatz der dann zur	(meistens eine spezielle Weisheit),
c)	Konklusion	(Schlussfolgerung)

herangezogen wird.

Hierzu das Beispiel:

1. Obersatz:	Alle Menschen sind sterblich (Allgemeinweisheit).
2. Obersatz:	Auch der reichste Mann der Welt ist ein Mensch (spezielle Weisheit).
Konklusion:	Also ist auch der reichste Mann der Welt sterblich.

Es ist nun wichtig, dass der Gegner auf eine »gedankliche Schiene« gebracht wird, die – weil es eine Allgemeinweisheit ist – nicht verdächtig erscheint und meistens vom Gegner widerspruchslos akzeptiert wird. Dazu ein Beispiel:

1. Obersatz:	Alle Vögel können fliegen. (Das weiß doch jeder!)
2. Obersatz:	Der Sperling ist ein Vogel. (Das weiß auch jeder!)
Konklusion:	Folglich kann der Sperling fliegen. (Das ist logisch!)

Das ist zwar immer noch ein banales Beispiel, aber den meisten Teilnehmern unserer Rhetorik- und Dialektikseminare war bis jetzt nichts aufgefallen – und doch wurden sie hinter das berühmte Licht geführt, weil sie in eine erste, kleine Falle tappten. In diesem Beispiel wurde nämlich als erster Obersatz eine Allgemeinweisheit vorangestellt, über die kaum einer nachdachte, weil »Vögel eben fliegen können«. Erst als der logische Dreisatz durch einen neuen, zweiten Obersatz geändert wurde, »fiel der Groschen«:

*** Alle Vögel können fliegen.
*** Der Strauß ist ein Vogel.

*** Folglich kann der Strauß fliegen ... (Kann er das?)

Er kann es nicht, wie wir alle wissen, und es gibt mindestens fünf Tierarten, die als »Vögel« bezeichnet werden und nicht fliegen können. So lösten auch die nächsten Beispiele prompt Einsprüche aus, obwohl wieder von einer (glaubwürdigen) Allgemeinweisheit ausgegangen wurde:

*** Schwangerschaften dauern neun Monate.
*** Manuela ist schwanger.

*** Folglich dauert Manuelas Schwangerschaft neun Monate.

Das nahmen die Teilnehmer schon nicht mehr widerspruchslos hin: *»Es gibt auch Siebenmonatsschwangerschaften oder Fehlgeburten nach x Wochen«, »Manuela kann sich ja bereits im fünften Monat befinden, dann stimmt die Konklusion nicht mehr«, »Mit Ärztezuschlag dauern Schwangerschaften 40 Wochen«,* usw.

Niemand wird natürlich Argumentationen so simpel vortragen. Doch betrachten Sie die Beispiele in ihrer Art als »Knochengerüst«, um das noch »Fleisch gesprochen« werden muss (verbindende Worte). Dann wird daraus eine erstaunlich logisch-dialektische Argumentation, der man sich nur schwer entziehen kann.
Wie lässt sich nun Dialektik erkennen?
Der erste wichtige Schlüssel zum Erkennen eines dialektischen Redeaufbaus ist die Verallgemeinerung im ersten Obersatz (deduktive Methode). Das ist in einfachen Beispielen, wie diese dargestellt wurden, ohne weiteres möglich. Sobald die Beispiele aber komplizierter und mit entsprechender Rhetorik vorgetragen werden, wird das schwieriger. Hinzu kommt etwas

sehr Wesentliches: Sie müssen auf das Erkennen einer dialektischen Vorgehensweise (in diesem Fall Deduktion) »trainiert« sein, also die »richtigen Antennen« haben. Das ist zwar theoretisch möglich, in der Praxis aber müssen Sie davon ausgehen, dass es in einem längeren Gespräch mit einem versierten Dialektiker kaum gelingt, jede dialektische Falle zu erkennen und zu umgehen. Auch in der Literatur finden sich unzählige Beispiele dialektischer Vorgehensweisen, die erst nach mehrmaligem Lesen »enttarnt« werden können. Wie sollte das unmittelbar und sofort, erst in einem Streitgespräch beispielsweise, geschehen? Wer z. B. aufmerksam eine politische Diskussion mit geschulten Rednern im Fernsehen verfolgt, wird – wenn er ehrlich ist – beiden Redeparteien gute Argumentationsführung bescheinigen. Und wer von uns wäre nicht schon einmal in die »Sowohl als auch«-Position geraten, weil jede Partei eine Argumentation vorbrachte, mit der wir uns identifizieren konnten? Doch wenn man die Videoaufzeichnungen sehr interessanter Diskussionen unter dem Aspekt »wurde sachlich argumentiert oder manipuliert, und, wenn ja, wie wurde manipuliert?« nochmals abspielt, kommt man in den meisten Fällen zu der Erkenntnis, dass die Zuhörer auf eine »gedankliche Schiene« gebracht wurden. Das heißt konkret, der Disputant versuchte (oft erfolgreich), mit bestimmten Begriffen, die einem anerkannten Werte- und Normensystem entsprachen, die Zuhörer zu zwingen, in einer bestimmten Richtung zu denken. Diese gedankliche Schiene kann aber eher mit »Locken auf eine falsche Fährte« bezeichnet werden.

Gerade in unserer heutigen Zeit werden, z. B. in der politischen Diskussion, Begriffe verwendet, deren Werte- und Normensystem in den meisten Menschen verankert ist, wie z. B.:

– Steuergerechtigkeit
– Vermögenssteuer für Reiche

- Solidaritätszuschlag
- Rentensicherheit
- Ökologie
- Müllvermeidung
- Soziale Gerechtigkeit
- …

Kein vernünftiger Mensch wird bei diesen Begriffen auf die Frage »*Sind Sie dafür oder dagegen?*« mit »*dagegen*« antworten. Ein ausgefuchster Disputant wird darum diese Alternativfrage gar nicht erst stellen, sondern die Begriffe als »politische Allgemeinwerte« etc. bezeichnen, wohlwissend, keinen Widerspruch zu erhalten. Wenn er nun argumentiert und z. B. Verzicht von allen Bürgern verlangt, dann begründet er es mit dem Begriff »Steuergerechtigkeit für alle«. Das ist (fast) unangreifbar. Demütig ergeben sich dann gerade die unteren Chargen in ihr Schicksal, bei denen dann die Steuern erhöht werden. Da fehlt halt die Lobby. Und die nächsten Wahlen sind weit.
Doch nicht für die Plünderer der Geldbeutel von Fernsehzuschauern. Nichts gegen die Ratespiele der Naiven, die nächtens saublöde Begriffe erraten lassen und hohe Geldsummen versprechen. Dummheit muss bestraft werden. Doch es gibt auch andere. Da fragt – ganz seriös – der Sprecher eines Nachrichtensenders: »*Sind Sie für oder gegen Steuererhöhungen? Falls Sie dagegen sind, wählen Sie die Nummer …, falls Sie dafür sind, die Nummer … Ein erstes Zwischenergebnis …*« Usw. Bei Tausenden Anrufern und 49 Cent Kosten pro Anruf haben die ihre Personalkosten wieder raus- oder, besser, reinbekommen. Hat schon mal irgendjemand etwas von »Datenschutz« oder »Weiterverwendung« solcher Abzockerumfragen gehört?
Es ist eben alles nur eine Frage der Darstellung.

Man könnte im Zweifel auch …

... vom Besonderen auf das Allgemeine

schließen (Induktion). Die Induktion ist die zweite Methode, die erläutert werden soll; sie führt vom besonderen Einzelfall auf das Allgemeine, auf das Gesetzmäßige, um daraus die logische Schlussfolgerung zu ziehen. Es ist quasi eine »umgekehrte Deduktion«. Das Beispiel hierzu:

*** Müller ist ein Mensch.	(Einzelfall)
*** Alle Menschen sind sterblich.	(Allgemeinfall)
*** Folglich ist Müller sterblich.	(Konklusion)

Die Induktion ist als Schlussverfahren streng genommen wissenschaftlich zwar nicht zulässig, wird aber in der Regel akzeptiert, wenn zwischen der Zahl der Ausgangsfälle und der Zahl der Fälle, auf die geschlossen wird, eine bestimmte Relation besteht.

Das ist z. B. in der politischen Diskussion anders, denn wer achtet in einer politischen Argumentation schon auf wissenschaftliche Akribie? Hier zählt einzig der Effekt, »wählerwirksam« ein Ziel zu erreichen. Als Beispiel sei die »Asylantendebatte« genannt.

Zunächst einmal wird mit »Asylanten« ein Begriff verwendet, in welchem eher negative Obertöne mitschwingen – im Gegensatz zum Begriff »Asylbewerber«. Wenn nun aber bereits mit weiteren, wertbesetzten Begriffen erkennbar werden soll, dass es Asylbewerber gibt, die sich nicht aus politischen, sondern aus wirtschaftlichen Gründen um »Asyl bewerben«, taugt der Begriff »Scheinasylbewerber« nicht. Wesentlich besser, weil negativer, klingt der Begriff »Scheinasylanten«. Dass es Menschen aus fremden Ländern gibt, die – obwohl sie dort politisch nicht verfolgt werden – mit ihren Mitteln und Möglichkeiten bei uns versuchen, auf wirtschaftlich besseren Füßen zu stehen als in ihrem Heimatland, ist bekannt (merkwürdigerweise wird dabei selten beachtet, dass die Industrienation Deutschland selbst vorwiegend auf den Export in fremde Länder ausgerichtet ist). Und natürlich ist auch bekannt, dass es Betrüger unter den Asylbewerbern gibt, die durch Tricks mehrfach Sozialhilfe abkassieren. Das kostet den deutschen Steuerzahler Millionen und lässt die Volksseele kochen. Weniger Beachtung findet da das Argument, dass alle diese ergaunerten Beträge zusammengenommen nicht höher sind als die Schmiergelder (Pardon: Auftragsbeschaffungskosten), die mancher Groß- oder Rüstungskonzern für die Zuteilung lukrativer Aufträge zahlt. Die durch Missbrauch von Sozialleistungen ergaunerten Beträge in einer Großstadt sind auch nicht größer als das Jahressalär eines Bankvorstands. Woher mag *das* Geld wohl stammen?

Es gibt eine Fülle von Beispielen aus dem politischen Leben, die exemplarisch für die dargestellten Vorgehensweisen sind. Dass insbesondere Politikerbeispiele verwendet werden, hängt einfach damit zusammen, dass diese via Massenmedien »frei Haus geliefert« werden und somit bekannt sind. Damit werden natürlich Politiker generell stigmatisiert, d. h. gebrandmarkt. Umfragen aus dem Jahr 2002 belegen, dass das Ansehen aller unserer »Volksvertreter« einen bisher nicht gekannten Tiefststand hat – und ein paar Jahre später dürfte das nicht anders sein. Verständlicherweise ist das bei Wirtschaftsmanagern anders, denn ihre Vorgehensweisen, die mitunter wesentlich härter, unsozialer und menschenunfreundlicher sind, werden der breiten Masse nicht bekannt. Somit ist die Gattung Manager, Wirtschaftskapitäne, Führungskräfte etc. eher hoch geachtet. Es sei denn, Manager verhalten sich wie »Heuschrecken« oder verduften ins Ausland, weil sie ihrem Geld nachlaufen.

Auch hier sei Werner Mitsch zitiert (»*Hunde, die schielen, beißen daneben*«, Letsch Verlag, Stuttgart 1982): »*Nicht jeder, der stiften geht, ist ein Mäzen.*«

Es muss an dieser Stelle nochmals darauf hingewiesen werden, dass Logik nur eine Denkart ist und zur Wahrheit keine Stellung nimmt und darüber hinaus die Logik der Wahrheit oft einen Streich spielt. Das aber ist Methode. Hier ergibt sich allerdings ein fruchtbares Betätigungsfeld. Die Voraussetzungen dazu sind klar: Einerseits verfährt und argumentiert man z. B. nach streng logischen Gesetzen – und darf in nahezu allen Fällen erwarten, dass eine solche Ableitung auch als »logisch« angesehen wird. Wer beschäftigt sich schon ausführlicher mit den Fesseln der Logik, um sagen und mit populären Beispielen belegen zu können, dass streng logische Ableitungen auch eine Menge dummes Zeug produzieren können? Andererseits kann man meistens den streng logischen und einsichtigen Ableitungen nur mit der eigenen Erfahrung oder Einzelbeispielen begegnen, die das Gegenteil aussagen. Auf das häufige Argument der »eigenen Erfahrung« lässt sich aber kontern:

- Erfahrung ist immer die Summe aller Irrtümer!
- Erfahrung ist immer etwas von gestern – und wir sprechen hier von morgen.
- Gegen die Erfahrung des Alters kann die Kreativität der Jugend gesetzt werden!
- Jedes Erfahrungsbeispiel kann mit einem Gegenbeispiel widerlegt werden!

Dialektiker produzieren »logische Verpackungen« als oft uneinnehmbare Festungen. Insbesondere verbal vorgebrachte deduktive Vorgehensweisen, Zirkelschlüsse, Analogieschlüsse usw. sind in der Hitze eines Gefechts kaum schnell zu entdecken, geschweige denn zu widerlegen – im Gegensatz zu schriftlichen Formulierungen, bei denen eine Analyse in Ruhe möglich und der Überrumpelungseffekt nicht ohne weiteres möglich ist. Doch je näher der logische Beweis, d. h. die Konklusion, in Übereinstimmung mit Erfahrungsgrundsätzen des

Lebens steht, desto schwieriger ist es, einen »logischen Fehlschluss« aufzuspüren.

Analogien und Zirkelschlüsse

»Wenn Sie auf das Problem X mit der Maßnahme Y reagieren, dann schießen Sie mit Kanonen auf Spatzen. Sie machen aus einer Mücke einen Elefanten! Kein vernünftiger Mensch wird dieses Problems wegen die Gerichte bemühen. Wir hatten damals doch einen vergleichsweise ähnlichen Fall, wo es auch darum ging, dass ...«

Wir alle kennen solche Vergleiche und wissen, was damit gemeint ist. Doch oft bekommen wir auch als Antwort zu hören, dass »die Vergleiche hinken«. Der Grund für diese Form der Argumentation ist, dass wir nach Analogien suchen. Darunter verstehen wir die Ähnlichkeit zweier Systeme in Bezug auf ihre Funktion und ihre Strukturen, wobei – je nach Problemlage – eine teilweise Übereinstimmung ausreichen kann.
Ein Analogieschluss ist allerdings nicht zwingend, weil er nicht wahr sein muss, aber er eignet sich sehr gut dazu, schwierige Sachverhalte anschaulich zu erklären. Im Prinzip sind Analogien und die Schlüsse daraus vergleichbar mit Indizien und Indizienurteilen. Und die können richtig oder falsch sein, so wie eine Analogie fair oder unfair sein kann. Damit ist der Analogieschluss ein beliebtes Mittel, einen Gegner lächerlich oder unglaubwürdig zu machen. Das entscheidende Merkmal (oder besser: der Trick) dieser Vorgehensweise besteht darin, dass das vorangestellte Argument unbewiesen bleibt – die Analogie und der Analogieschluss aber sollen die Richtigkeit oder Falschheit eines Arguments durch bildhafte Vergleiche untermauern bzw. »beweisen«. Das hat zwar mit logischer Argumentation nichts zu tun, ist aber im Prinzip nicht unredlich. Gefährlich wird es erst, wenn ein Gegner lächerlich gemacht oder verunglimpft werden soll. Dazu einige Sätze aus einem

Fernsehinterview mit dem ehemaligen Arbeitsminister Norbert Blüm (CDU), in dem er die Nichtanwendung eines Ausbildungsgesetzes, welches die Sozialdemokraten erlassen haben, kritisiert: *»Der Staat hat so ein Ausbildungsgesetz erlassen, von dem die Sozialliberalen sich nicht trauen, es anzuwenden. Das ist so, wie wenn Sie eine Maschine kaufen, aber Angst haben, sie anzustellen, weil die Sicherung durchfliegt.«*

Ebenfalls unfair handeln diejenigen, die im Vorsatz komplizierte Sachverhalte mit Fremdwörtern zusätzlich verschleiern, sich also als »kompetenten Fachmann« präsentieren, und im Nachsatz den »kleinen Mann auf der Straße« mit einer kumpelhaften Sprache für ihre Ziele gewinnen wollen.
Beispiel: *»Die Struktur der Steuerreform ist so determiniert, dass die Gewinne der Besserverdienenden kumulativ erfasst und progressiv besteuert werden – also mehr Steuergerechtigkeit. Wenn Sie das ablehnen, dann erklären Sie mal dem Kumpel, der für sein Geld hart malochen muss, warum er vergleichsweise mehr Steuern zahlen soll als z. B. ein Unternehmen!«*

Politik ist eine einzige Fundgrube von Verflechtungen komplizierter Sachverhalte und kumpelhafter Sprache. Insbesondere nach der Bundestagswahl 2002 wurden mit diesen »Kreationen« den Bürgern die Steuererhöhungen »verkauft«.
Ein Beispiel mit »demagogischer« Wirkung, welches große Proteste bei den Sozialdemokraten hervorrief, lieferte vor vielen Jahren das CDU-Vorstandsmitglied Heiner Geißler in Bezug auf die Schulden, die von den Sozialdemokraten gemacht wurden: *»Wenn jeder Mensch seit der Geburt Jesu Christi fünf Mark Schulden gemacht hätte, dann entspräche das dem Schuldenberg, den die Sozialdemokraten uns überlassen haben.«*
Nun ist allerdings auch bekannt, dass Analogien und Beispiele stets hinken und dass das vom Diskussionspartner auch gesagt wird. Eleganter und wirksamer ist daher die Verwendung

von Zirkelschlüssen. Es wird das, was begründet werden soll, als bereits bewiesen vorausgesetzt. Der Volksmund sagt: »Hier beißt sich die Katze in den Schwanz!« Diese Vorgehensweise ist vergleichbar mit dem Satz: »Ein Haus ist ein Haus, weil es ein Haus ist.« Das ist zwar nicht falsch, aber es ergeben sich keine neuen Erkenntnisse, es ist eine »Scheinargumentation«. Dazu ein bekanntes, etwas abgeändertes Beispiel: *»Dass gute Baukenntnisse und logisches Denken für die Ausübung des Architektenberufs unerlässlich sind, zeigt sich schon daran, dass zum Architekturstudium nur zugelassen wird, wer über einen entsprechenden Lehrabschluss im Bauhauptgewerbe und über die mittlere Reife verfügt.«*

Dass für die Ausübung des Architektenberufs logisches Denken und Baukenntnisse erforderlich sind, ist sicherlich richtig. Diese Notwendigkeit allerdings von den Zulassungsbestimmungen zum Studium abzuleiten ist ein Scheinargument, denn es wird die Behauptung mit sich selbst bewiesen. Es muss also, um keinen Zirkelschluss entstehen zu lassen, der Satz geteilt werden, und zwar wie folgt: *»Gute Baukenntnisse und logisches Denken sind für die Ausübung des Architektenberufs unerlässlich. / Zum Studium wird nur zugelassen, wer ...«*

Doch sind Sie in der Lage, sofort einen Zirkelschluss erkennen zu können? Hier wiederum hilft nur eine Technik: fragen, fragen, fragen! Wer es allerdings mit einem ausgebufften Dialektiker zu tun hat, wird ertragen müssen, dass dieser ständig von der Sach- auf die Beziehungsebene argumentativ wechselt – und das ist manchmal insbesondere vor einer Gruppe oder einem Publikum hart. Es ist dann allerdings auch ein untrügliches Indiz dafür, dass ihm die Nachfragerei und das Beibehalten einer sachlichen Position nicht liegt, dass diese Art sein dialektisches Gebäude ins Schwanken bringt. Merke: **Nichts erschüttert das Gebäude eines Dialektikers mehr als das ständige Hinterfragen!**

Und da oftmals mit sachlicher Argumentation nichts zu erreichen ist, wendet man Killerphrasen an. Das sind Totschlagsprüche, die von denen gerne angewendet werden, die nichts verändern wollen oder an neuen Ideen aus unterschiedlichen Motiven heraus kein Interesse haben.
Killerphrasen zu killen ist nicht einfach!

Killerphrasen:
Kommunikation ist ein positiv besetzter Begriff. *»Wer miteinander redet, schießt nicht aufeinander«* – so ein gängiger Spruch. Doch nicht immer ist die Kommunikation positiv, offen und auf Konstruktion gerichtet. Man kann sie auch als eine Maske gebrauchen bzw. *miss*brauchen, um z. B. Aversionen, Einstellungen, Missgunst etc. zu verbergen. Missbrauch ist antipartnerschaftlich und soll den anderen »killen«, also verunsichern, zum Schweigen bringen, herabwürdigen usw. Um das zu erreichen, müssen Killerphrasen am besten auf die Person gerichtet sein, um die emotionale Beziehungsebene zu treffen. Denn wer auf der Sachebene gegen einen Sachverhalt argumentiert, handelt im Allgemeinen nicht unfair.
In der Kommunikationsliteratur gibt es eine unüberschaubare Sammlung von Phrasen, die in Teams, Sitzungen, Diskussionen, Verhandlungen usw. geäußert werden. Die häufigsten Killerphrasen dürften z. B. folgende sein:

- *Das haben wir schon immer so gemacht.*
- *Das haben wir noch nie so gemacht.*
- *Das ist zwar eine gute Idee, aber die funktioniert nicht.*
- *Das ist einfach zu teuer.*
- *Stellen Sie sich einmal den Aufwand vor.*
- *Um das beurteilen zu können, fehlt Ihnen das Fachwissen.*
- *Das ist doch blanke Theorie.*
- *Der Teufel steckt im Detail.*

- *Das ist interessant, aber eher eine Thema für eine spätere Sitzung.*
- *Die Sache ist nicht ausgereift.*
- *Das haben wir 1982 schon vergeblich versucht.*
- *Wir müssen vernünftige Prioritäten setzen.*
- *Das müssen wir erst einmal von der Rechtsabteilung prüfen lassen.*
- *Wie können Sie absolut sicherstellen, dass es kein Risiko ist?*
- *Das ist grundsätzlich richtig, aber bei uns nicht anwendbar.*
- *Wenn das so einfach ginge, dann hätten es andere schon gemacht.*
- *Für Sie als emanzipierte Frau müsste es doch selbstverständlich sein ...*
- *Ich stimme dem zu, aber uns sind leider die Hände gebunden.*
- ...

Es finden sich in der Literatur nur wenige Hinweise, wie man Killerphrasen am wirkungsvollsten begegnet. Zunächst ist hier, wie bei allen anderen Verbalangriffen, die Kenntnis an sich wichtig. Diese Phrasen müssen ja nicht unbedingt aggressiv, ärgerlich oder herabwürdigend geäußert werden. Und nicht immer ist dem »Killer-Sender« bewusst, dass er gerade dabei ist, eine vielleicht gute Idee zunichte zu machen. Doch so feine Unterscheidungen sind müßig, wenn es darum geht, sich gegen solche »Ideentöter« erfolgreich zu wehren.

Die beste Waffe gegen Killerphrasen ist zunächst die Gegenfrage, am effektivsten mit bohrendem Nachfragen (»bitte genauer, konkreter, detaillierter« usw.):

- *Was kann denn passieren?*
- *Was spricht dagegen, dass wir es versuchen?*
- *Wo genau sehen Sie die Schwierigkeiten?*
- *Auf welchen Punkt genau beziehen Sie sich?*
- *Welche Kostenrechnung legen Sie zugrunde?*
- *Was spricht denn dafür?*
- *Halten Sie Ihre Entgegnung für besonders fair?*

- *Wenn der Teufel im Detail steckt, wo steckt dann der liebe Gott?*
- *Wie muss man das genau verstehen?*

Je nach Personenkreis ist natürlich auch die Süffisanz oder der Zynismus wirkungsvoll (Ausnahme Gericht, Fahnder, Polizei, wichtiger Kunde, Chef usw.):

- *Was glauben Sie, auf was die Menschen heute noch säßen und mit was sie werfen würfen, wenn alles scheinbar Unmögliche nicht gewagt worden wäre?*
- *Was würde wohl Ihre Frau zu Ihrem mangelnden Mut sagen?*
- *Vielleicht ist das Unternehmen deswegen nicht weiter, weil SIE es immer so gemacht haben.*
- *Wenn es zu viel Arbeit macht, vielleicht kann Ihnen Ihre Sekretärin oder unser Lehrling helfen?*
- *Was meinen Sie? Hat sich mit Ihrer merkwürdigen Antwort Ihr Image nun verbessert oder verschlechtert?*
- *Das lösen wir mit der zweistufigen Methode der kleinsten Dreiecke.*
- *Nanu? Sind Sie kleinlich geworden, oder ist Ihre Antistresstoleranz defekt?*
- *Witzigkeit … kennt keine Grenzen und kein Pardon!*

Da jedoch auch andere Teilnehmer möglicherweise Killerphrasen kennen und nicht schätzen, sollte man Spielregeln festlegen. So könnte z. B. bei jeder Killerphrase ein Euro von dem in ein Sparschwein geworfen werden müssen, der die Phrase äußerte. Falls ein »Stinkstiefel« unter den Anwesenden ist, der das ablehnt, weil er fürchten muss, ständig überführt zu werden, können Sie auch selbst ein Sparschwein vor sich hinstellen und bei jeder Killerphrase eines anderen einen Euro einwerfen *(»… wird der Deutschen Alzheimer-Hilfe gespendet!«)*. Wenn Sie zehn Euro eingeworfen haben, können Sie die Sinnfrage nach der Verhandlung stellen. Und die ist für die anderen stets peinlich. Wirkungsvoll ist auch eine gelbe und eine rote Karte, ähnlich

wie beim Fußball. Was »bedenklich« ist, wird mit gelb geahndet, Killerphrasen erhalten stets die rote Karte.
Auch ein »Schiedsrichter« kann gewählt werden, der bei den Phrasen die entsprechende Karte zeigt oder mit einem kleinen Glöckchen klingelt.
Ein Kollege nannte mir eine andere, lustige Methode. Er nahm sich einen Stoß alter Kopien im DIN-A4-Format mit, und jedes Mal, wenn eine üble Killerphrase geäußert wurde, knüllte er ein Blatt zusammen und feuerte es mit den Worten in den Papierkorb: *»Schon wieder eine gute Idee gekillt!«*

Das sind natürlich alles Mätzchen. Aber es geht darum, dass die anderen merken, dass Sie sich nicht mit Killerphrasen eindecken und übertölpeln lassen. Keine Methode muss für immer gelten. Es gilt immer der alte Grundsatz: **Jede erkannte Taktik ist wie ein verratener Angriffsplan.**
Bestimmte Teilnehmer einer Verhandlung werden versuchen, die Situation in ihrem Sinne zu beeinflussen.

Dazu ein Beispiel:
Der Autor kann sich sehr gut an verschiedene Doktorandenseminare erinnern. Zumeist ging es um geisteswissenschaftliche sowie gesellschaftliche Themenbereiche. »Diktiert« wurde die Situation von zwei Lehrstuhlassistenten, welche stets das »akademische Niveau« hervorhoben und Beiträge in der Umgangssprache als *»... in einem Oberseminar nicht angemessen«* verteufelten *(»Wirtshausniveau«)*. Kaum einer wagte es darum, mit Klartext den Nutzen eines solchen Seminars zu fördern. Es dümpelte stets fremdwortbelastet dahin, und der Herr Professor mischte sich zwar in der Sache, aber in die Diktion nicht ein. Dann geschah es plötzlich, dass ein neuer Teilnehmer einen Assistenten nach seinem »rhetorischen Überhöhungsbeitrag« mit den Worten angriff: *»Und für solche sprachliche Verrenkungen kriegen Sie Geld? Für wen und zu welchem Nutzen pro-*

duzieren Sie eigentlich Wissen? Sie sind offensichtlich rein problemorientiert. Besser wäre es, Sie wären nutzen- und lösungsorientiert.« Der Herr Professor knurrte etwas *(»nun mal langsam!«)*, die anderen schmunzelten, einige spendeten Beifall, und die Kopffarbe des Assistenten wechselte von akademischblass in praxisrot.

Nicht das inhaltliche Niveau des Seminars änderte sich, wohl aber waren akademische Verklausulierungen verschwunden, die jene Sachverhalte mit Fremdwörtern verschleierten, die vorher allen klar waren. Es war, als ob die beiden Assistenten plötzlich Angst hatten, wieder erneut so im Klartext angegriffen zu werden.

Manchmal muss man Härte zeigen.

4.9 Kreuzverhör / Unter Druck setzen

Das Kreuzverhör ist eine im angloamerikanischen Beweisrecht übliche Befragung der Zeugen. Staatsanwalt und Rechtsanwalt dürfen im einem Strafprozess auch den Beschuldigten abwechselnd (also über Kreuz) befragen. In vielen amerikanischen Kriminalfilmen wartet man schon förmlich auf das Kreuzverhör. Für alle, die Rhetorik, Dialektik und Rabulistik in ihrer schönsten Form lieben, ist das ein wahrer Sinnesschmaus. Zu erwähnen natürlich auch die Klassikerfilme wie »Zeugin der Anklage«, »Meuterei auf der Bounty« und »Die Caine war ihr Schicksal«.

In unseren Tagen können wir häufig Zeugen eines Kreuzverhörs werden. Ein jüngeres Beispiel ist der Michael-Jackson-Prozess, in dem es darum ging nachzuweisen, dass M. J. Sex hatte mit minderjährigen Jungen – oder nicht. Die Vernehmung von Zeugen erfolgte durch einen der Starverteidiger von M. J., Tom Mesereau. Zuvor hatte die Polizei auf seiner Ranch »Neverland« Sexhefte beschlagnahmt, die M. J. angeblich dem

Jungen Star Arvizo gezeigt habe. Der Verteidiger lockte den Zeugen jedoch in eine Lügenfalle.

(Zitatbeginn, aus *tz* vom 10. März 2005, S. 22):
»Mesereau hielt Star das Heft hin, auf dem ein Mädchen ihre Brüste zeigt: ›*Michael hat euch dieses Heft niemals gezeigt, stimmt's?*‹ Star: ›*Doch.*‹ Mesereau tut verwundert: ›*Diese Ausgabe ist vom August 2003. Du und dein Bruder, ihr seid das letzte Mal im März 2003 auf Neverland gewesen. Wie kann Michael dann dieses Heft gezeigt haben?*‹ Der 14-Jährige ist verwirrt, versucht sich rauszureden: ›*Ich habe niemals gesagt, dass es genau dieses Heft war, das er uns gezeigt hat. Ich habe gesagt, dass er uns diese Art von Magazinen gezeigt hat.*‹ Mesereau kratzt weiter an Stars Glaubwürdigkeit. Der Teenager muss zugeben, dass er schon einmal unter Eid gelogen hat. Bei der Klage seiner Mutter gegen das Kaufhaus ›J. C. Penney‹: ›*Damals hast du gesagt, dass dein Vater deine Mutter niemals geschlagen hat. Stimmt das?*‹ Star kleinlaut: ›*Nein.*‹ Mesereau: ›*Warum hast du gelogen? Weil dir jemand gesagt hat, was du erzählen sollst, stimmt's?*‹ Star tappt nervös mit den Fingern auf dem Pult: ›*Ich weiß nicht mehr.*‹ Mesereau lässt nicht locker: ›*Warum hast du damals unter Eid gelogen?*‹ Star trotzig: ›*Ich weiß nicht. Es war vor fünf Jahren. Ich erinnere mich an nichts.*‹
Mesereau hält Star vor, dass seine Version, wie Michael seinen Bruder Gavin belästigt habe, von früheren Aussagen abweicht. Star pariert: ›*Ich wusste damals mehr Details, weil sie frischer waren.*‹ Mesereau: ›*Hat dir jemand gesagt, dass du das sagen sollst?*‹ Star: ›*Nein, ich sage das aus eigenen Stücken. Ich weiß genau, was passiert ist. Nur nicht mehr die Details.*‹
Mesereau erinnert Star daran, dass der Flur zu Jacksons Schlafzimmer durch Bewegungsmelder gesichert ist: ›*Wenn jemand durch die Tür kommt, so wie du, dann läutet eine Glocke.*‹ Star: ›*Ja.*‹ Mesereau: ›*Davon hast du aber nichts gesagt. Wurde denn der Alarm nicht von dir in den beiden Nächten ausgelöst, als du*

angeblich gesehen haben willst, wie Michael deinen Bruder betatscht hat?‹ Star: ›*Doch.*‹ Mesereau: ›*Dennoch sagst du, dass Michael dich nicht bemerkt hat und dein Bruder weitergeschlafen hat.*‹ Star stutzt und zögert. Dann: ›*Sie müssen es nicht gehört haben, weil die Tür zum Schlafzimmer zu war.*‹
(Zitatende, aus *tz* vom 10. Mai 2005, S. 22)

Es ist hochvergnüglich zu lesen, wie der Anwalt den Jungen von einer Falle in die andere tappen lässt. Die Glaubwürdigkeit ist nun vollends erschüttert. Der Ausgang des Prozesses ist bekannt: Michael Jackson wurde freigesprochen.

In der deutschen Jurisprudenz ist diese Form des Kreuzverhörs jedoch nicht zugelassen. Allerdings wenden ausgebuffte Anwälte und Staatsanwälte durchaus solche Elemente an. Es geht stets darum, den Befragten auszuhebeln, ihn unglaubwürdig zu machen. Dazu muss er in Widersprüche verwickelt werden. Vor einigen Jahren ging ein kleines, nettes Beispiel durch die Presse. Ein Autofahrer behauptete, in einer Verbotszone nicht mehr als 50 km/h gefahren zu sein. Der gegnerische Anwalt versuchte ihn festzunageln: »*Sind Sie nicht vielleicht doch etwas mehr als 50 gefahren oder ganz genau 50?*« – »*Ganz genau 50 km/h.*« – »*Woher wollen Sie das wissen?*« – »*Ich habe auf den Tacho gesehen.*«
Das war's. Ein schöner Sieg für den Anwalt. In der Verbotszone galt nämlich das Limit von 30 km/h!

Kreuzverhöre sind in Deutschland im § 239 StPO geregelt, entsprechen aber nicht dem angloamerikanischen Kreuzverhör. Die Befragung obliegt grundsätzlich dem Richter – geregelt nach § 238 StPO. Doch Staatsanwalt und Strafverteidiger können ergänzende Fragen stellen, sie leiten aber nicht die Befragung. Und der Gesetzgeber hat enge Grenzen gesetzt, was die Verwertbarkeit eines kreuzverhörähnlichen Gesprächs anbelangt. So urteilte das Landesarbeitsgericht Thüringen, Aktenzeichen 5 Sa 104/97: »*Unterschreibt eine Arbeitnehmerin, der von ihrem Arbeitgeber Unregelmäßigkeiten vorgeworfen werden, nach einem dreistündigen ›kreuzverhörähnlichen‹ Gespräch ein Schuldanerkenntnis (hier über 80 000 Mark), mit dem sie sogar Differenzen zugab, die sie gar nicht verursacht hatte, so ist ihr Eingeständnis nichtig, da der Arbeitgeber nicht berechtigt war, eine Zwangssituation auszunutzen.*«

Damit ist im Urteil klar gesagt, was nicht sein darf: Ausnutzung einer Zwangssituation. Das genau aber ist es, was ein Bullfighter beabsichtigt. Und ebenso wird auch das Kreuzverhör angelegt und durchgeführt. Doch Vorsicht ist geboten, was die Verwertbarkeit der Ergebnisse anbelangt. Das deutsche Recht lässt viele Möglichkeiten zu, Ergebnisse zu widerrufen, anzuzweifeln oder nicht zuzulassen. Man mag einwenden, dass Drehbuchautoren und Autoren von anderen Werken, die ein Kreuzverhör beschreiben, viel Zeit haben, dialektische Gesprächsfallen aufzubauen und durchführen zu lassen. Genau richtig. Und damit ist auch gesagt, was nicht geht, um ein Kreuzverhör durchzuführen: eine unvorbereitete Befragung. Um jemanden unter Druck zu setzen, muss man zuvor Schwachstellen im System, in der Handlung und / oder in der Person finden. Die Vorgehensweise im Kreuzverhör, also die praktische Durchführung nach einer gründlichen Recherche, ähnelt sich in vielen Verhören:

Zunächst versucht man durch scheinbar harmlose Fragen den Zeugen oder Angeklagten in eine Pseudosicherheit zu wiegen. Die Antworten sollen schnell und unkompliziert kommen, er soll in einen flüssigen Antwortrhythmus gebracht werden. Damit werden bereits die ersten Fallstricke ausgelegt: Denn wer später stockend oder allzu lange nachdenkend auf Fragen antwortet, der kann dann viel leichter mit Ja- oder Nein-Fragen unter Druck gesetzt werden. Zur Verschleierung der Absichten sollte der Fragende nach den beschriebenen Regeln der scheinbar ungeordneten Fang- und Konjunktivfragen vorgehen (siehe Abschnitt 4.6). Der Befragte muss den Eindruck gewinnen, dass der Fragesteller ihm nicht gewachsen ist, er muss in eine scheinbar trügerische Sicherheit gelockt werden – also das Agieren auf einer ganz klaren psychologischen Schiene. Beachtet werden muss zudem, dass es in deutschen Gerichtssälen unüblich ist, als Anwalt vor oder um den Befragten herumzulaufen und zu gestikulieren. Befragungen finden zumeist im Sitzen statt.

Doch gerade hier erweist sich der Wert einer guten und gründlichen Vorbereitung. Es müssen in dieser Phase Antworten erzeugt werden, die man durch Sachverhalte, Vorhaltungen und / oder Hypothesen erschüttern kann. Der zu Befragende darf also auf keinen Fall ahnen, worauf der Fragesteller hinauswill.

Natürlich ist auch die Variante möglich, dass z. B. ein Anwalt gleich zu Beginn der Befragung mit schneidigem Ton und bösem Blick den Zeugen einzuschüchtern versucht. Das ist in den Gerichtsverhandlungen nachmittags im TV oft zu beobachten. Seifenopern – und wer glaubt, so gehe es in aller Regel vor Gericht zu, der wird hoffentlich keines Besseren belehrt.

Nochmals: Das A und das O einer kreuzverhörähnlichen Befragung ist die Vorbereitung. Es muss gelingen, den Befragten in Widersprüche zu verwickeln, um ihn als unglaubwürdig hinstellen zu können. Die LGG-Methode ist dazu als System hervorragend geeignet. Denn als »Guillotine« kann dann die Unterstellung mit Ja oder Nein fungieren.

Mimik, Gestik und die Kinesik sind dabei außerordentlich wichtige Elemente. In den Kapiteln 2 und 3 wurde beschrieben, wie man diese als »Kampftechnik« einsetzt. Wer also jemanden unter Druck setzen oder ins Kreuzverhör nehmen will, der muss diese Elemente seinen verbalen Vorgehenswei-

sen anpassen – ohne lächerlich zu wirken, wie in den TV-Gerichtsshows. Die scheinbar harmlosen Vorfragen dürfen nicht mit »Röntgenblick« und böser Mimik begleitet werden, sondern das Nonverbale muss das scheinbar Harmlose noch eher unterstreichen (süßsauer lächeln usw.).
Kommt es dann allerdings zur »Guillotine«, so müssen Blick, Gestik und Körpersprache dem Angriff angemessen sein. Durch plötzliches Verlagern auf eine böse Kampftechnik muss der Befragte so irritiert und verunsichert werden, als wenn er plötzlich einem ganz gefährlichen Tier gegenüberstünde. Anwälte nützen das aus, weil gewöhnlichen Menschen allein der Anblick eines Gerichtsgebäudes unsympathisch ist und sie sich irgendwie ausgeliefert und hilflos fühlen. »Profis«, die schon oft vor Gericht standen, schmunzeln über die meistens andressierten Wutausbrüche der Anwälte. *(A: »Die machen doch nur ihren Job! Beim Grillfest wären die bestimmt gute Kumpels!« B: »Wir sind aber hier nicht bei einem Grillfest!« A: »Sehr richtig! Aber auch nicht bei einer Hinrichtung!«)*

Ohne Punkt und Komma, ohne Pausen reden?
Das kennen wir von Politikern, die interviewt werden. Sie können ganz offensichtlich nicht unterbrochen werden, weil sie die Sprechpausen dort machen, wo sie üblicherweise nicht hingehören. Gewöhnlich macht man dort eine Sprechpause, wo ein Satzzeichen steht. Diese Profis aber verbinden die nächstfolgenden Worte mit Betonung und verhindern so eine Unterbrechung. Das ist zwar nicht schön, aber wirkungsvoll – vor allem, weil man seine Argumente im Zusammenhang darstellen kann; in Zeiten kurzer TV-Interviews ist das jedoch eine wichtige Sache. Doch auch die Interviewer sind nicht von Dummsdorf. Sie bedienen sich eines Tricks aus Kindertagen. Wen man ärgern wollte, dem piekste man mit einer Nadel in den Luftballon, und schon war's vorbei mit der bunten Herrlichkeit, und der Ärger fing an. Als solche Nadel gilt heute die

kurze, geschlossene Frage, um sofort danach eine kurze offene Frage mit Wertung zu stellen. Also, wenn ein Befragter zu lange redet, so kann man den Redefluss und die Richtung durch geschlossene Fragen selbst bestimmen. Mitten in die Rede erfragt man ein sehr schneidiges »*Finden Sie das gut?*«. Jeder wird antworten mit »*Nein*« (oder »*Ja*« – je nach Sachverhalt). Das genau ist der Punkt, an dem man wieder eine offene Frage stellen muss: »*Und warum haben Sie dem zugestimmt?*« Man wird irgendwie antworten: »*Das habe ich gar nicht!*« Jetzt kann der Bullfighter zuschlagen: »*Aber Sie begrüßen doch diese Entscheidung?*« Oder: »*Warum wollen Sie das jetzt nicht sagen?*« Usw.

»Wenn Sie darunter … verstehen!«
Wer selbst in die Verlegenheit kommt, in einem Kreuzverhör bestehen zu müssen, sollte vor allem die Ruhe und langsames Antworten möglichst mit Ja oder Nein ohne anschließende Begründung trainieren. Man muss natürlich dazu wissen, dass der Fragende alles unternehmen und versuchen wird, Sie aus dieser Ruhe herauszureißen, Sie zu erschüttern, Sie in Widersprüche zu verwickeln. Wenn es schwierig wird, sollte man folgende Regel beherzigen: Ist die Unterstellung z. B. eine böse Sache, so formuliere man diese um mit den einleitenden Worten: »*Wenn Sie … unter … verstehen, dann haben Sie Recht!*« Das versteht der Fragesteller allerdings nicht darunter – aber man ist bestens aus dem Schneider. Wer nun eine Antwort unterstellt bekommt, kann dann gut parieren: »*Herr Kollege, wenn Sie die Antwort schon parat haben, warum werde ich dann hier noch befragt?*« Meistens erfolgt dann der Vorwurf: »*Sie weichen doch nur aus!*« Ihre Antwort: »*Wenn Sie unter Ausweichen verstehen, dass ich dem Zwang (… dem durch Sie erzeugten Zwang …) zu einer falschen Antwort (… Falschaussage …) ausweiche, haben Sie Recht! Mir geht es hier um die Wahrheit!*«
Oder:
Angreifer: »*Sie sind ein geiler Bock!*« Sie: »*Wenn Sie unter geiler*

Bock jemanden verstehen, der den Reizen der Weiblichkeit zugetan ist, haben Sie Recht. Auf was stehen Sie denn? Auf Männer?«

Im täglichen Leben Kreuzverhörtechniken zu beherrschen, muss geübt werden. Wenig geeignet dazu sind nette Nachbarn, der freundliche Kaufmann um die Ecke, der Streifenpolizist etc. Bestes Übungsfeld findet man in stets unfreundlichen und unfairen Arbeitskollegen, bei Behördenmuffeln, Versicherungen und vor allem in Diskussionsrunden mit Besserwissern und Neunmalklugen. Machen Sie sich dabei stets den Wert der Frage zunutze, also konkret die Tatsache, dass die meisten Menschen antworten, wenn sie etwas gefragt werden und etwas wissen oder glauben etwas zu wissen – oder schlicht nur etwas »besser wissen« ... wollen.

Das Übungssystem in der Praxis ist einfach und sollte stets wie folgt aufgebaut werden:

1.	Vorbereitung auf bestimmte Sachverhalte, Anzweifelungen, Gegenpositionen usw. – je nach Sachverhalt (ZIEL!)
2.	Durchführung in Frageform und / oder in Beschuldigungen, Imperativ usw.
3.	Rückzug oder Angriff: Je nach Diskussionsverlauf ist Angriff wichtig (*»Dann sagen Sie mal ganz konkret, was Sie getan haben, um ...!«*, usw.) – oder Rückzug (*»Warum sind Sie kritischen Fragen gegenüber so wenig aufgeschlossen?«, »Was fürchten Sie an Fragen, die Ihnen nicht gefallen?«, »Was müssen die Anwesenden denn tun, damit Sie wieder friedlich werden?«*, usw.)

Zusammenfassung:
Wichtig ist das Ziel, also was erreicht werden soll (siehe Kapitel 2). Daran orientiert sich die Vorgehensweise, was man indirekt zu erfragen hat – das ist die Strategie (Fragen und / oder Vorwurf). Sodann kann man mit einzelnen Maßnahmen die Strategie als Taktik umsetzen.

4.10 Nichts tun / Stur oder »schlafend« stellen / Raum verlassen

Diese Methode stammt aus dem Gebiet der psychologischen Kriegführung. In der Politik wurde sie unter Helmut Kohl als »Aussitzen« bekannt. Fälschlicherweise übrigens, denn Insider und Eingeweihte wussten, dass es hinter Kohls Kulissen »rundging«.

In der unfairen Verhandlungstechnik gibt es die (durchsichtige) Methode für eine Verhandlungspartei, den Raum kurzfristig zu verlassen. Begründungen dafür gibt es immer: *»Pardon, bin sofort wieder hier! Muss kurz auf die Toilette!«*, *»Bitte entschuldigen Sie mich für fünf Minuten. Ich muss dringend einen Anruf ...!«*, *»Ich darf mich für einige Minuten entschuldigen. Ich höre gerade, die chinesische Handelsdelegation ist angekommen, die ich begrüßen muss. Bitte machen Sie doch so lange weiter!«* Und das Ergebnis? Die meisten machen weiter, statt sich über FC Bayern München oder den Fettgehalt der Pflastersteine bei senkrechter Sonneneinstrahlung zu unterhalten. Was offenbar nicht erkannt wird, ist eine recht perfide Absicht. Derjenige kommt zurück und fragt scheinheilig, ob es weitergegangen wäre. Eifrig ergreift die Gegenpartei das Wort und berichtet über eine Einigung im Punkt X. Nun dementiert die andere Partei eine Einigung sehr heftig. Es entsteht ein neuer Streit – zusätzlich zum alten. Doch das war beabsichtigt – insbesondere dann, wenn

die eine Seite schlechte Karten hat und nur mit Tricks neue Chancen erarbeiten kann.
Ausgebuffte Verhandler kennen alle Ecken dieser psychologischen Trickkiste. Wer trotz vereinbartem Termin sehr lange warten muss und / oder dann »gnädig« empfangen wird, kann sich denken, dass der andere Macht demonstrieren will. Auch die bekannten Mätzchen, wie z. B. ungünstige Sitzposition, überhitzte oder eiskalte Räume, falsche oder gar keine Getränke, Störungen durch »eifrige« Mitarbeiter, ständiges Telefongebimmel, Hinzuziehung von unbekannten Leuten usw. sind im Grunde verräterisch, denn Profis wissen in diesem Moment über ihren Verhandlungsgegner möglicherweise mehr als er über Sie. Seine Motive sind klar, sie werden erkannt. Und, wie bereits gesagt: Wenn man erst einmal die Taktik erkannt hat, ist diese wie ein verratener Angriffsplan.

Doch kann man in sehr wichtigen Situationen, wie z. B. Gerichtsverhandlungen, Steuerprüfungen usw., solchen Manipulationen respektive einem solchen Druck ausweichen? Man kann! Denn jeder hat die Wahl, ob man sich auf ein Thema einlässt oder nicht – ganz gleich, wo und an welchem Ort er sich befindet. Es helfen ganz einfache Sätze, um jeglichem Druck auszuweichen, um abzublocken, um zu vertagen – man nennt sie **Killerantworten**:

- *»Darüber muss ich erst einmal in Ruhe nachdenken.«*
- *»Das kann ich so spontan nicht entscheiden.«*
- *»Diesen Sachverhalt muss ich in den Akten nachsehen.«*
- *»Ich kann gerne eine Antwort darauf geben. Bis wann benötigen Sie sie?«*
- *»Warum wurde mir nicht vorher gesagt, dass es um diesen Sachverhalt geht?«*

Diese Liste kann man seitenlang fortführen. Alle Killerantworten haben das, was sie ausdrücken: Sie killen! Das Obszöne daran ist, dass nicht nachgesagt werden kann, ob es mit Absicht geschah. Nochmals: **Keiner kann Sie zwingen, wenn Sie etwas absolut nicht wollen**!

Und falls man es mit Druck versucht, gibt es Antworten der höheren Kategorie:

- *»Stehe ich hier vor einem Kriegsgericht?«*
- *»Ich fühle mich jetzt gezwungen, etwas zu tun / sagen, was unrichtig ist!«*
- *»Es gibt Fragen, die kann man nicht mit Ja oder Nein beantworten.«*
- *»Wir leben doch nicht zu Hermann Görings / Erich Mielkes Zeiten!«*
- *»Ich fühle mich hier so unter Druck gesetzt, dass ich nicht mehr klar denken kann!«*

Da gibt es dann ganz raffinierte Zeitgenossen, die schon lange vor einem Termin eine psychiatrische Behandlung arrangieren. Mitunter helfen Atteste von Psychologen und Therapeuten, z. B. vor Gericht. Denn wer in ärztlicher Behandlung ist, kann nicht ohne weiteres zu einer Handlung A oder B gezwungen werden. Doch es wird nur ein kurzer Zeitgewinn sein – wenn überhaupt. Schließlich wird ein Gericht eine Untersuchung anordnen bzw. Fachleute hinzuziehen.
Oder, auch diese Fälle sind bekannt, vor wichtigen Terminen (Steuerprüfungen, Verhöre usw.) genehmigen die sich einige starke Schnäpse – oder auch tags zuvor (Stichwort: Restalkohol); sie spekulieren darauf, dass ihre Aussagen unter diesem Aspekt anders bewertet werden. Vor allem eine Falle, in die man getappt ist und die hinterher erst bewusst wird, könnte man damit entwerten.
Davor muss im Allgemeinen gewarnt werden. Im Einzelnen kann das zwar helfen, aber man sollte nicht darauf bauen. Denn das ist ein zweischneidiges Schwert. Vor allem muss ein

plausibler Grund vorliegen, getrunken zu haben, wie z. B. psychischer Druck, Lebens- und Situationsängste usw. Der Kreis der Beteiligten muss also zwangsläufig größer werden.

Nochmals zurück zu den TV-Gerichtssendungen, die bei juristischen Fachleuten kaum ein müdes Lächeln oder nur schlichte Heiterkeit erzeugen. Mitunter geben die Optik und Rhetorik der Kläger, Beklagten, Zeugen und auch der Anwälte keine Möglichkeit zu beurteilen, wer hier eigentlich die Witzblattfigur ist. Den Vorsitz hat manchmal eine Richterin, die an das Charisma einer Kinokartenverkäuferin erinnert. Doch sind die Anwälte und der stets hundsscharfe Staatsanwalt immer »top drauf«. Bravo. Wenn's anders wäre, würde ja auch keine Sau einschalten. Wie sähe es wohl aus, wenn der Anwalt des Beklagten scheinbar kurz einnickte oder sichtbar lang gähnte oder sich während der Vorwürfe der Gegenseite demonstrativ mit seinem Mandanten unterhielte oder irgendwelche Notizen während des Vortrags der Gegenseite rumreichte oder auffällig abwesend in Akten blätterte oder Aktenstücke fallen ließ oder seine Aktentasche hinter seinem Stuhl so traktierte, dass man ihn nur von hinten sieht – während die anderen juristisch geiferten?
Missachtung des Gerichts? Keinesfalls. Denn jederzeit steht dieser Anwalt den Fragen und Aufforderungen des Gerichts oder der Gegenseite zur Aufmerksamkeit zur Verfügung: *»Ich habe das sehr gut gehört«, »Ich kann zwei Dinge gleichzeitig tun«, »Sie werden mir wohl kaum verbieten können, dass ...!«* Usw. Fies kann er dann reagieren, wenn er sagt: *»Oh, Pardon, Herr Kollege, wie meinten Sie das gerade?«* Und wehe, er wird jetzt vom Kollegen gemaßregelt, dann gibt's böse Hiebe und – eventuell auf Antrag – unter Umständen einen Verweis des Gerichts für die Gegenseite.

Aber was wird gemacht? Auch in der scheinbar trockenen Jurisprudenz wie in nahezu allen Lebenslagen wird auf der emotionalen Beziehungsebene agiert. Menschen habe eine bestimmte Erwartungshaltung, was die Reaktionen anderer Menschen betrifft. Erfolgt das nicht, also reagiert der andere nicht so, wie es erwartet wird, dann sind viele verunsichert, verwirrt oder werden gar aggressiv. Ein »sturer Bock«, ein »Dickschädel« oder eine »Schlafmütze« – das sind Bezeichnungen für Menschen, an denen man einfach nicht leiden kann, dass sie nicht so reagieren, wie man es erwartet, respektive, dass sie gar nichts tun. Diese Taktik ist aber gar nicht ungefährlich. Allzu schnell fällt nämlich der Angreifer darauf rein und zieht nun die Schraube nochmals an, verschärft den Ton und kommt mit noch härteren Vorwürfen – *die* Chance für einen Bullfighter.

4.11 Intrigen / Gerüchte / Halbwahrheiten / Mobbing

Vorsicht: Jetzt geht es um ein gefährliches Gebiet mit Fallstricken, Fußangeln, Tricks und – wie könnte es anders sein: Strafwürdigkeit. Wer sich hier nicht mit den wichtigsten Straftatbeständen und Rechtsregeln auskennt, sollte eher Zurückhaltung üben.

Ein paar Begriffe müssen daher juristisch beleuchtet werden: **Intrige** (lat. *intrica* = in Verlegenheit bringen) bezeichnet eine Verschwörung oder hinterhältige Machenschaft, mit der jemand (oder eine Gruppe) versucht, einem anderen (oder einer Gruppe) Schaden zuzufügen. Die Intrige ist verwandt mit der **Kabale**, also ein geheimes Einverständnis von Personen zu einem bösen Zweck oder Anschlag. Das kennen alle, die Friedrich von Schillers »Kabale und Liebe« gelesen haben. Intrigen müssen aber nicht nur beabsichtigt, sondern auch durchgeführt werden. Und hierzu steht wieder eine unzählige Palette von Möglichkeiten zur Verfügung. Doch Vorsicht! Der Gesetzgeber findet bestimmte Machenschaften gar nicht witzig, denn allzu schnell kommt man mit Behauptungen einem anderen zu nahe – und auch dieser genießt den Schutz unserer Gesetze. Viele meinen, sie wollten mit ihrer Meinung *»dem anderen nur eins auswischen, oder es war doch gar nicht so gemeint«;* sie wollten nur *»ihre freie Meinung«* äußern. »Üble Nachrede« nennt man das, was manche unter freier Meinungsäußerung verstehen:

- *»Die Olle lässt sich doch von allen f..... und aushalten!«*
- *»Die Frau Müller begeht Ehebruch!«*
- *»Der Müller hat doch hohe Schulden!«*
- *»Der hat doch seinen Titel in der Schweiz gekauft!«*
- *»Der hat doch damals die Firma XY bis ins Kleinste betrogen!«*
- *»Der muss doch erst mal lernen, selbst ehrlich zu sein, statt andere zu betrügen!«*
- ...

Das würde schon reichen für eine ehrverletzende Tatsachenbehauptung, die unter Strafe gestellt ist. Wenn diese dann unwahr ist und der Täter es auch weiß, dann wird daraus zwar eine Verleumdung, aber die ist rechtlich auch nicht witzig. Klar, es muss alles stets vor Gericht bewiesen werden. Und auch dann gibt es noch die Frage des öffentlichen Interesses, Störung des Rechtsfriedens, Privatklage etc. Der Tatbestand der üblen Nachrede und das Strafmaß sind in § 186 StGB geregelt (Freiheitsstrafe bis zu einem Jahr oder ... bis zu zwei Jahren oder Geldstrafe).

Eine Verleumdung bedeutet, dass jemand über eine Person ehrverletzende Behauptungen aufstellt, obwohl er weiß, dass sie nicht wahr sind. Geregelt wird das in § 187 StGB (Freiheitsstrafe bis zu zwei Jahren oder fünf Jahren oder Geldstrafe). Konkret heißt das also, dass die Tatsache in der Verleumdung, die »behauptet« oder »verbreitet« wurde, unwahr sein muss, also es muss dann vor Gericht das Gegenteil bewiesen werden. Auch hier ist die Beweislage entscheidend.

Da sollte man doch meinen, dass eine deutliche Meinungsäußerung nicht unbedingt strafwürdig ist. Doch Vorsicht! Es droht …

3) **Beleidigung!**

- *»Wollen Sie mich etwa beleidigen?«*
- *»Sie kann man doch gar nicht beleidigen. Sie sind eine Beleidigung!«*
- *»Diese Beleidigung nehmen Sie sofort zurück!« – »Nö!«*
- *»Sie haben mich beleidigt!«*
- *»Sie sind doch als selbst ernannter Kfz-Meister unfähig, mein Auto zu reparieren.«*
- *»Sie werden diese Beleidigung vor Gericht verantworten müssen!«*
- *usw.*

Tja, und was muss man vor Gericht verantworten?

Eine Beleidigung (geregelt in § 185 StGB, ein Jahr oder zwei Jahre Freiheitsstrafe bzw. Geldstrafe) im weiteren Sinne ist jede Verletzung der persönlichen Ehre des anderen, man sagt auch die Kundgabe der Missachtung oder Nichtachtung einer anderen Person, wobei das ehrverletzend sein muss. Also, eine bloße Unhöflichkeit oder Taktlosigkeit reicht noch nicht aus *(»Gnä' Frau, Ihre Frisur erinnert mich an einen Igel!«, »Warum soll ich Sie grüßen? Lohnt sich das bei Ihnen?«)*. Die Unterschiede machen es aus. Wenn Sie stattdessen sagen: *»Gnä' Frau, Ihre Frisur sieht aus wie Frankensteins Klobürste, und der Rest von Ihnen riecht auch so!«*, kann es eng werden, wenn Zeugen vorhanden sind.

Und es gibt viele Möglichkeiten, das auszuloten. Es lassen sich drei Begehungsformen der Beleidigung auflisten:

1. Äußerung von Werturteilen gegenüber dem Beleidigten
   - verbal (Verbalinjurie)
   - gestikulär oder tätlich
     - Zeigen einer Gestik (z. B. Mittelfinger, Scheibenwischergeste, Vogel zeigen)
     - Beleidigung mit Tätlichkeit (z. B. unsittliches Berühren / Anfassen, Schubsen, Anspucken usw.)
2. Äußerung von Werturteilen in Beziehung auf den (abwesenden) Beleidigten, gegenüber anderen Personen
3. Ehrverletzende Tatsachenbehauptungen, die in Anwesenheit des Beleidigten erfolgen (hier auch möglich: üble Nachrede oder Verleumdung)

Es geht also um die persönliche Herabsetzung des Opfers, und dabei ist die freie Meinungsäußerung sehr eingeschränkt. Wer also jemanden um seiner persönlichen Herabsetzung willen als *»stockdoof«, »kenntnislos«, »talentfrei«, »bescheuert«, »Witzblattfigur«, »Fälscher«* usw. nachweislich tituliert, bekommt unter Umständen Post von einem Anwalt, den er nicht kennt. Noch nicht.

Doch auch **Gerüchte** sind nicht gefahrlos – denn es geht stets um den Nachweis. Ein Gerücht, wer immer es in die Welt gesetzt hat, lebt von dem Spannungsverhältnis, ob es denn nun wahr oder unwahr ist – bzw. von den Motiven anderer. Das allein erweckt Interesse und erregt Aufmerksamkeit. Soziologisch geben Gerüchte eine Orientierung und Klärung – sie erfüllen eine Vorgabe zur »inneren Ordnung«, nach der Menschen streben. Diese muss »bedient« werden, denn es geht um Hoffnungen, Erwartungen, Unsicherheiten, Misstrauen, Befürchtungen, Ängste und Bedrohungen. Wenig von Interesse ist der Wahrheitsgehalt von Gerüchten; deswegen kümmert sich auch kaum einer um die Wahrheit, und darum kann man sie auch kaum aufhalten. Im Gegenteil, die »Genießer« von Gerüchten verbindet kurzzeitig so etwas wie eine Gemeinschaft der Wissenden, die über eine gemeinsam geteilte Schadenfreude oder über moralische Entrüstung gestärkt wird und die stets mit der verschwörerischen Grundhaltung verbunden ist, »jaaa nichts zu erzählen«, alles für sich zu behalten.

»Die Elvira soll lesbisch sein – sie wurde im Lesben-Lokal ›Sie und Sie‹ mit einer jungen Frau bei eindeutigen Handlungen gesehen …! Aber sag mal nichts. Das bleibt unter uns.«

»Der junge Buchhalter ist mit Sicherheit schwul. Den soll man schon in der neuen Schwulensauna gesehen haben.« – »Jaaa, das habe ich immer vermutet. Wie der nämlich geht und spricht!« – »Sag bloß nichts weiter!« – »Bleibt bei mir. Versprochen!«

»Die Firma Kleinmüller soll angeblich in Zahlungsschwierigkeiten sein. Ich habe von Leuten gehört, dass …!« – »Tatsächlich? Und wer weiß davon?« – »Nur ganz wenige. Reines Insiderwissen. Sagen Sie bloß nichts weiter!« – »Nö, ich doch nicht.«

Es bleibt noch die Verbreitung von **Halbwahrheiten**. Die gibt es eigentlich in der Logik mit einfachen oder verknüpften Aussagen nicht, denn entweder ist etwas wahr oder falsch – man nennt das Literal. In der Umgangssprache allerdings hat sich der Begriff »Halbwahrheit« durchgesetzt – und der ist alles andere als ungefährlich. Hier wird nämlich wiederum auf das Gefühl von Menschen rekurriert und auf die Tatsache, dass die meisten Menschen nicht zwischen »Wahrheit« und »Gewissheit« unterscheiden können. Eine Wahrheit lässt sich beweisen – juristisch gesehen. Die Gewissheit ist ein psychischer Zustand, der es schwer macht, etwas anderes zu glauben. Da-

rauf zielen Halbwahrheiten ab. Schlicht gesagt, weil man die erste Hälfte glauben kann und diese (vielleicht) sogar bewiesen werden könnte, glaubt man logischerweise auch die andere Hälfte: *»Es liegt nahe, dass ...!«*
Doch nichts liegt nahe.

Eine Halbwahrheit ist mitunter schlimmer und gefährlicher als eine Lüge, weil man sich zumindest in einem Teil der Behauptung wiederfindet. Das ist das Feld der Anlagebetrüger, Heiratsschwindler, miesen Gebrauchtwagenverkäufer, Immobilien- und Versicherungslümmels usw. Sie zielen mit ihren Argumenten darauf ab, dass die Empfänger zumindest die Hälfte wissen oder nachvollziehen können und einverstanden sind. Was letztlich daraus entstehen kann, wenn man »mit der Hälfte einverstanden« ist, dokumentiert zwar humorvoll, aber mit beißender Ironie an aufgesetztem gesellschaftlichen Verhalten ein Sketch von Loriot in Vico von Bülows »Der Kosakenzipfel«.

Allerdings betritt man mit Halbwahrheiten auch juristisch nebeliges Gelände. Zwar kann man sich auf viele einzelne Faktoren berufen, die zu der Auffassung geführt haben, dass ... Doch Vorsicht ist auch hier geboten, denn nochmals: Alles ist eine Frage des Beweises.
Ein Bullfighter weiß das – und handelt danach.

Heute schon gemobbt?
Der Mob, das Gesindel, der Pöbel, die Bande – wie auch immer: Das ist Schikane, Intrige, Psychoterror am Arbeitsplatz, in Organisationen und natürlich auch in Schulen. **Mobbing**, das Wort aus dem Englischen abgeleitet, wurde 1963 vom Verhaltensforscher Konrad Lorenz geprägt. Er bezeichnete damit Gruppenangriffe von unterlegenen Tieren auf einen überlegenen Gegner – dort von Gänsen auf einen Fuchs. Später trans-

formierte man diesen Begriff auf das Arbeitsleben – mit den heutigen Erkenntnissen. Alltagssprachlich ausgedrückt bedeutet Mobbing, dass jemand zumeist am Arbeitsplatz – aber auch in anderen Organisationen – fortgesetzt geärgert und schikaniert wird. Die Ursachen sind in den meisten Fällen keineswegs monokausal. Es ist vielmehr ein komplexer psychosozialer Prozess, in dem alle Beteiligten in einer zwischenmenschlichen Interaktion eingebunden sind. Mobbing hat weit reichende negative Folgen für die Gesundheit wie auch für die berufliche und private Situation des Opfers. Und ... Mobbing verursacht immense Kosten durch Heilbehandlungen, Rehabilitationskuren, Dauerarbeitslosigkeit, Fehltage, Frühverrentung, Minderleistungen, Fluktuationen usw.

Wie äußert sich Mobbing? Die Palette der Gemeinheiten ist vielfältig.
Beispiel Kollegen:
Stellen Sie sich vor, Sie betreten einen Raum, in dem mehrere Kollegen die Köpfe zusammenstecken. Jetzt unterbrechen diese plötzlich ihre Unterhaltung. Waren Sie das Thema? Werden Ihre fragenden Blicke mit einem frechen Grinsen beantwortet? Mit einem Kollegen haben Sie es oft zu tun. Doch der ignoriert Sie jetzt regelmäßig. Keine Zeit – sagt er, und Sie laufen vor eine Wand.
Oder: Sie haben sich einen neuen Anzug, ein neues Kleid gekauft. Aber die »lieben Kollegen« machen sich nur lustig über Ihr Outfit und überhaupt »... *Ihren merkwürdigen Geschmack ...!*«. Und obendrauf: »*Sie könnten mal eine Diät vertragen!*«
Beispiel Chef:
Ganz offensichtlich hat Sie der Chef auf dem Kieker, ohne dass Sie glauben, Anlass zu geben. Er spricht immer nur von »Fehlern«. Gesprochen hat er mit Ihnen allerdings auch nicht. Dadurch werden Sie mehr und mehr verunsichert – und ... machen wirklich Fehler. Ein Teufelskreis.

Da ist Aussprache gefragt. Aber der einseitig aufgehetzte Chef blafft Sie nur an: *»Jetzt verschonen Sie mich doch bitte mit Ihrem Klüngel. Gehen Sie an die Arbeit und vertrödeln Sie hier nicht Ihre Zeit.«*

Lange müssen Sie dann nicht darauf warten, dass alle Ihre Entscheidungen angezweifelt werden – nichts machen Sie scheinbar mehr richtig. Ein anderer wird auf Ihre Arbeit »angesetzt« und nimmt sie Ihnen förmlich ab. Nun dürfen Sie plötzlich nur noch Ablage machen oder die letzten unangenehmen Kunden bedienen. Ach so, schwachsinnige Listen erstellen und abtippen – das ist jetzt Ihr neues Aufgabengebiet.

Bitte? Danke? Das sind seit einiger Zeit offensichtlich Fremdwörter. *»Tippen Sie das mal ab!«* oder *»Machen Sie mal die Ablage leer«* usw. – tja, das wird scheinbar Alltag für Sie. Und was man so hört? Sie sollen eine Geliebte haben / einen Liebhaber ...! Und Ihre Potenz? Steht ... alles ... hihi ... zum Besten? Hat Ihr Sohn nicht kürzlich aus einem Kaufhaus etwas geklaut – das stand doch in der Zeitung ...!

Die Palette der Gemeinheiten ist unerschöpflich.

Was kann man tun?

Klar, viele Experten sagen, das Beste sei die schnelle Kündigung. Im Einzelfall kann das zutreffen, aber zunächst gilt das Motto: Wehret den Anfängen! Aus kleinen Kriegen werden in aller Regel ganz große, wenn man nicht Einhalt gebietet. Wenn der Mobber erkannt ist, hilft ein klares »Stopp!«. Ansonsten kann sich der Täter bestätigt fühlen, ruhig weitermobben zu können. Zeigen Sie Zivilcourage! Auch in Dingen, die andere betreffen. Nix mit Mitläufer – muss für Sie gelten. Wenn Sie z. B. in Gegenwart anderer hören, dass über Herrn X oder Frau Y in Mobbingart geredet wird, schreiten Sie ein, indem Sie diese Art infrage stellen. Auch diskriminierende Witze über andere sollten Sie kritisch geißeln (Schwule, Neger, Juden, Frauen, Sprachbehinderte usw.). Wenn Ihnen diese Kollegen dann böse sind, macht nichts, denn Sie wären ohnehin irgendwann als Opfer dran. So aber schaffen Sie sich Respekt!

Sie können sich natürlich auch – Großbetrieb vorausgesetzt – an den Betriebsrat wenden. Obwohl es geschehen kann, dass sich auch ein Betriebsrat (oder Einzelne) mit den Angreifern solidarisieren, gilt für den Betriebschef immer noch die gesetzliche Fürsorgepflicht, und er hat dazu eine Vielzahl von Möglichkeiten bis hin zur Entlassung des mobbenden Arbeitnehmers. Kommt er dieser Pflicht nicht nach (was zu beweisen wäre), so kann es sogar zu einem Schadenersatzprozess kommen, der bei Untätigkeit des Arbeitgebers diesem ganz schön teuer kommen kann. Bevor Sie jedoch Klage einreichen, sollten Sie sich umfassend informieren und beraten lassen.

Um in jedem Fall die besseren Karten zu haben, ist es sinnvoll, ein »Mobbing-Tagebuch« zu führen. Hier wird der Verlauf der jeweiligen Mobbingsituation genauso penibel festgehalten wie Uhrzeit, wer die Handlung begangen hat, wer noch anwesend war, wer möglicherweise etwas mitbekommen hat und wie man sich dabei gefühlt hat, also auch körperliche und gesundheitliche Folgeschäden – vor allem auch damit zusammenhängende Arztbesuche. Auch manches Foto war schon hilfreich (gewöhnlicher Arbeitsplatz – gemobbter Arbeitsplatz). Und wer glaubt, dass die »lieben Kollegen« vor Gericht doch alle zusammenhalten, der sollte die Wirkung von Gerichten auf Normalbürger nicht unterschätzen, wo Falschaussagen selten zur Heiterkeit eines Gerichts beitragen. Und vor allem: Es müssen immer mehrere Kollegen gemeinsam lügen – und wofür? Mit einer »getürkten« Aussage gegen Sie müssen sich alle zu einer verschworenen Gemeinschaft verpflichten. Keiner darf ausbüchsen, niemand aus der Reihe tanzen. Alle Aussagen müssen stets genau abgesprochen werden. Und wehe, es ergeben sich Widersprüche. Dann sind Einzelne dran. Was glauben Sie, wie lange das hält? Allein mit dieser Frage können Sie eine ganze Mobbingcrew bis ins Mark verunsichern.

5.

Der »richtige« Einsatz

5.1 Vorsicht – jetzt nichts falsch machen! Differenzieren Sie!

Übermut tut selten gut – weiß der Volksmund. Und übermütig können diejenigen schnell werden, die erkannt haben, wie wirksam die Waffen von Bullfighting sind. Wenn etwas gut funktioniert, ist man geneigt, es ständig anzuwenden – ohne Differenzierung. Vielleicht kennen das einige Leser vom Autofahren. Wer – aus welchen Gründen auch immer – plötzlich ein super-PS-starkes Gefährt sein Eigen nennt, wird feststellen, dass die linke Fahrbahn auf der Autobahn damit wie selbstverständlich befahren wird und dass viele kleine Fahrzeuge schon beim Herannahen Platz machen und auf die rechte Seite wechseln. Doch das hat schon vielen Kopf und Kragen gekostet, weil man durch diese PS-Stärke nun stets das gleiche Verhalten anderer Verkehrsteilnehmer erwartet. Wenn aber jemand unerwartet anders reagiert, kann es krachen.

Doch wer sich selbst und sein Fahrzeug beherrscht, kommt besser voran als andere – unfallfrei.

Der Bezug zur Differenzierung von Bullfighting ist schnell hergestellt. Man muss nicht nur diese rhetorische Kampfkraft, sondern vor allem sich selbst beherrschen. Vergleichen Sie das ruhig mit dem »schwarzen Gürtel« im Judo. Wer ihn hat, so der Ehrenkodex, hat damit verantwortungsvoll umzugehen. Nicht umsonst sind asiatische Kampftechniken ein guter Hinweis, denn stets gelten diese zunächst als Abwehrtechniken. Dass man damit auch seine Gegner angreifen und vernichten kann, ist eine zwangsläufige Konsequenz. Aber die Regeln zum Einsatz sind eindeutig. Auch wenn es mitunter mal »juckt«, einige Waffen an einem unliebsamen Zeitgenossen auszuprobieren, so gilt stets die Regel: **Lieber einmal verzichten, als einmal zu viel eingesetzt!**

Die Empfehlung zur Differenzierung beschränkt sich keinesfalls nur auf Personen, die auch ohne Gegenwehr gefährlich werden können (Chefs, Ordnungshüter etc.). Vielmehr ist hier daran zu denken, dass es schlicht unfair und auch feige ist, ein erkennbar schwächeres Gegenüber mit Bullfighting »fertig« zu machen.

Beispiel:

Der etwas unfreundlichen Verkäuferin im Supermarkt könnte man mit Verächtlichmachung, scharfen Worten und Konfrontation zeigen, wer hier »das Sagen« hat. Aber das ist schlicht billig – eines überzeugten Bullfighters nicht würdig. Wer weiß, ob sie nicht kurz zuvor einen Rüffel von ihrem Chef bekommen hat? Vielleicht zu Unrecht, wie sie meint. Und auch der etwas missliebige Arbeitskollege sollte von Ihrer neu erworbenen rhetorischen Kampfkraft nicht sofort etwas spüren, nur weil sich eine günstige Gelegenheit zum Angriff ergibt. Darum: **Gehen Sie verantwortungsvoll mit Bullfighting um!**

Bedenken Sie, dass diese Techniken wie Drogen wirken. Zunächst gibt es eine leichte Einstiegsdroge, und wenn diese »funktioniert«, wird es gefährlich. Denn dann nimmt man, wie beim realen Drogenkonsum, eine nächsthöhere Dosis – und bekommt den erwarteten »Kick«. Dann die nächste – und so weiter. Letztlich ist man abhängig. Man kommt nicht mehr davon los. Der Vergleich mit dem unseligen Drogenkonsum ist deswegen angebracht, weil jeder aus den Drogenberichten weiß, wie das letztlich endet. Ob nun aber der Körper verfällt, wie beim ungezügelten Genuss harter Drogen, oder die Seele, wie beim unkontrollierbaren Bullfighting – wo ist da der Unterschied?

5.2 Nichts dürfen Sie fürchten – nur Gott und das Finanzamt!

Und das sind zwei harte Brocken! Verweigert Ihnen auch nur einer die Gnade, kann es eng werden.
»Wir Deutsche fürchten Gott und sonst nichts auf dieser Welt!« – war zu Zeiten Kaiser Wilhelms II. ein geflügeltes Wort. In unserer globalisierten Welt, in der jeder Steuerzahler gläsern gemacht wird, fügen wir diesem Furchtbekenntnis zu Gott auch noch das »Finanzamt« hinzu. Hier ist das eher noch schmunzelnd gemeint, jedoch wenn es hart auf hart geht (Steuerprüfer und -fahnder, Finanzgerichte usw.), gelten wieder differenzierte Regeln, weil diese Zielgruppen kraft ihres Amtes gefährlich sind. Sie können einen Apparat legal in Bewegung setzen, gegen den jegliche Rhetorik unwirksam ist. Wer hat diese Fälle nicht in der Zeitung gelesen? Da läuft ein Hund frei herum, bellt einen Polizeibeamten an, dieser schießt ... das Tier ist tot. Für den Halter unfassbar, nahezu ein Schicksalsschlag. Für den Beamten »die Abwehr einer Notsituation«. Geschehen kann ihm nichts. Hunde sind juristisch gesehen nur eine »Sache«.
Oder: Da prüft ein übereifriger Finanzbeamter einen Kleinbetrieb. Vorwurf: Umsatzsteuermissbrauch. Hintergrund: Der Unternehmer hatte sein Auto ordnungsgemäß ins EU-Ausland verkauft, weil es in Deutschland unverkäuflich war. Die durchführenden Beamten dürfen nach neuester Rechtslage ohne Ankündigung den Betrieb betreten, prüfen, beschlagnah-

men und Nachweise fordern. Der geringste Fehler kann dem Unternehmer quasi das Genick brechen. Wer denkt schon an diese oder jene Unterschrift oder beglaubigte Kopie? Solche Beamten handeln wie Dampfwalzen. Langsam und unaufhaltsam kommen sie auf jenen zu und walzen alles platt, was sich ihnen in den Weg stellt. Sie sind unangreifbar in sinnvollen und auch überzogenen Methoden. Das Amt gibt ihnen die Macht dazu.

Doch zunächst bleiben wir beim Normalfall. Es gilt einerseits, verantwortungsvoll mit dieser Kampftechnik umzugehen, zu differenzieren – wie zuvor beschrieben. Andererseits sollte man sich aber durchaus seiner Stärke bewusst sein, wenn man Zeitgenossen gegenübersteht, die glauben, sich alles leisten zu können. Oftmals beeindrucken diese schon ihre Umwelt durch sehr selbstbewusstes Auftreten und lautstarke Rhetorik. Nicht unbedingt muss man die Psychoanalyse bemühen, um zu erkennen, dass oftmals gerade diese Menschen ein sehr ausgeprägtes Defizit, mitunter sogar Minderwertigkeitskomplexe haben, die sie quasi durch ihr aufgesetzt selbstbewusstes Auftreten und ihre scheinbar unangreifbare Rhetorik »übertünchen« wollen. Das sind ideale Gegner für einen Bullfighter. Es ist nämlich äußerst selten, dass diese Zeitgenossen durch andere geprüft und ihre Komplexe aufgedeckt werden. Denn im Allgemeinen sind diese in ihre eigenen Fähigkeiten so verliebt und von sich selbst so überzeugt, dass es leicht ist, diese in eine Falle zu locken. Das kann geschehen durch einfache, offene Fragen, durch Fang- oder auch Konjunktivfragen. Am wirkungsvollsten jedoch ist bei diesen Hyperaktiven die LGG-Methode (siehe Kapitel 4.5). Und da diese Zielgruppe von der Umwelt sehr häufig wenig gemocht und geachtet wird, ist es in einer Gruppe relativ leicht, die Gruppensympathie, den Beifall, zu gewinnen. Das Problem ist nicht die Gelegenheit – die gibt es immer. Das Problem ist die eigene Courage, die Entschlusskraft. Man muss es nur wollen – und tun! Was kann passieren? Sie fallen auf die Nase? Wie ärgerlich. Doch merken Sie sich stets:

Hinfallen ist keine Schande – nur Liegenbleiben ist verwerflich!

5.3 Greifen Sie nur dort an, wo der Gegner schwach ist!

Mit einem Finanzbeamten über unsere hohen Steuern zu fighten, mit einem Polizisten über die mangelnde innere Sicherheit zu streiten, mit einem Kontrolleur in der U-Bahn über diese Kontrollen zu schimpfen, das alles ist nutzlos. Diese Menschen tun ihre Pflicht und erfüllen eine ihnen zugewiesene Aufgabe. Es sei denn, sie schießen mit ihrer Pflicht erkennbar übers Ziel hinaus und / oder lassen sich persönlich etwas zuschulden kommen. Dann gibt's Saures.

Dazu ein Praxisbeispiel – noch zu D-Mark-Zeiten:

Der Chef einer Immobilienfirma im Rheinischen hatte Betriebsprüfung. Durch Überlastung des Finanzamts in seiner (Groß-)Stadt wurde die Prüfung vom Finanzamt einer benachbarten Kleinstadt geführt. Betriebsprüfer war ein etwa 35 Jahre alter Finanzbeamter. Er rechnete selbst mit einer zu leistenden Nachzahlung von 800 000 bis zu einer Million Mark. Das wäre möglich gewesen, ohne das Unternehmen ins Trudeln zu bringen. Der übereifrige Prüfer jedoch konstruierte eine Nachzahlung von sechs bis acht Millionen DM – begründete das und beharrte darauf. Das wäre das Ende dieser Firma gewesen. Der Grund für die harte Haltung des Prüfers war allen schnell klar: Mit diesem Nachzahlungserfolg konnte er zum Amtsleiter befördert werden. Aber die Forderung war nicht angreifbar. Selbst im Prozessfall hätte der Unternehmer erst einmal zahlen müssen.

Wo also angreifen? Der Bullfighter wusste es: Nicht die Sache, sondern die Person musste angegriffen werden. Er ließ sich darum alle Details (Kleidung, Auftreten, Argumentation und Dinge, die er nicht leiden konnte, wie z. B. Unterbrechen, direktes Widersprechen usw.) sehr genau und umfangreich darstellen. Mit den Beteiligten (der Unternehmer, der leitende Mitarbeiter und Vertreter der eigenen Wirtschaftsprüfungsgesellschaft) übte der Bullfighter genau das, was den Prüfer zum Ausrasten brachte: direktes Widersprechen, Unterbrechen, Verlassen des Raums, Verschütten des Kaffees, Öffnen der Fenster zur Unzeit usw. Die gesamte Palette der psychologischen Kriegführung war zum Einsatz bereit. Die Schlussverhandlung stand heran. Jeder beherrschte seinen eingeübten Part. Und alles lief wie am Schnürchen. Und es geschah das Beabsichtigte: Der Prüfer sprang wutentbrannt auf, schimpfte mit Straßenausdrücken, drohte dem Unternehmer und leistete sich noch einige sonstige Ausfälle. Das war das Signal. Der Chef der Wirtschaftsprüfungsgesellschaft weigerte sich, die Verhandlung mit diesem Prüfer fortzuführen – aus den geschilderten Gründen. Die anderen unterschrieben den Protest an die Finanzbehörde als Zeugen.

Ergebnis:

Nach 14 Tagen wurde die Prüfung zuständigkeitshalber wieder zum ursprünglichen Finanzamt überstellt. Man einigte sich auf die sofortige Zahlung von 800 000 Mark. Was aus dem ehemaligen Prüfer wurde, ist nicht bekannt …

Der Bullfighter arbeitete also in diesem Fall als »Ghost-Negotiator«. Das ist jemand, der aus dem Hintergrund agiert und Verhandlungen steuert. Seine Person wird dem Gegner allerdings nicht bekannt.

Kennt noch jemand den Begriff »klammheimliche Freude«? Er stammt aus den unseligen Zeiten der 1970er- und 1980er-Jahre während des Terrors in Deutschland durch die RAF (Rote-Armee-Fraktion). Wenn Repräsentanten der politischen und finanziellen Macht zu Tode oder zum Unglück gebracht wurden, so freuten sich Täter und Sympathisanten nicht öffentlich, sondern sprachen von »klammheimlicher Freude« und assoziierten damit, dass sich auch wesentliche Teile der »schweigenden Mehrheit« irgendwie darüber freuten, dem Staat mit seiner übermächtigen Repräsentanz (Politiker, Behörden, Polizei etc.) eine Schlappe zugefügt zu haben.

Diese klammheimliche Freude mag auch Menschen überkommen, die sich heute gegen eine scheinbare Übermacht erfolgreich wehren konnten. Der Begriff an sich ist eigentlich nichts Unanständiges, im Gegenteil, er hat sogar etwas von der schönsten Freude, nämlich der Schadenfreude. Aber er wurde pervertiert, weil er die Freude über den Tod von Menschen beschreibt. Das kann es nicht sein, so weit geht es nicht. Auch nicht beim Bullfighting.

Doch generell gilt die Regel: Nur dort angreifen, wo der Gegner schwach ist. Den Kontrolleur in der U-Bahn, Bus oder Tram können Sie wegen seines unfreundlichen Verhaltens angreifen, nicht generell seiner Tätigkeit wegen. Aber auch das ist zumeist nutzlos. Mit Sicherheit sitzen ein paar Kriecher und Schleimer in der Nähe, die dem Ordnungshüter die Stange halten. Zum Üben der eigenen Kampfkraft sind unfreundliche Kontrolleure allerdings gut geeignet (aber auch nur unfreundliche).

Wenn Sie, ausgerüstet mit den scharfen Waffen eines Bullfighters und zur kompromisslosen Übung im täglichen Leben bereit, nun auf einen liebenswürdigen Kontrolleur stoßen und diesen – statt hart, wie in der Theorie geplant – jetzt aufgrund seines freundlichen Verhaltens selbst nett und freundlich ansprechen, dann sind Sie ein Bullfighter mit »schwarzem Gürtel«. Sie haben den »Verhaltenskodex« begriffen.

Sie haben den Mut zum Fighten – und den Verstand, sich zu beherrschen.

5.4 Schrammen Sie stets »gerade noch an einer Klage vorbei«!

Wer vom geplanten und zudem kontrollierten Rückzug nichts versteht, kann schnell untergehen. Wer selbst kein Jurist ist, muss und wird wissen, dass es Rechtsbestimmungen gibt, die man nur mit Kopfschütteln zur Kenntnis nehmen kann. Denn jeder weiß: Recht haben und Recht bekommen sind zweierlei. Das kann für einen Bullfighter gut oder schlecht sein – je nach Sachverhalt. Boshaftigkeit, Zynismus, Wortverdrehungen, Verdächtigungen, Verächtlichmachungen usw. sind bestens geeignet, einen Gegner fertig zu machen. Wehren kann er sich nur dann erfolgreich, wenn diese Waffen ehrabschneidend, beleidigend, die Persönlichkeit verletzend eingesetzt werden und ... Zeugen vorhanden sind. In der Kampfrhetorik gilt darum die Regel, dass Angriffe mit solchen Waffen entweder in der Frageform und / oder auf das eigene Gefühl, die eigene Person, die eigene Meinung bezogen werden müssen.

Beispiel:
Sie sagen zu einem Gegner: *»Sie haben mich mit XY betrogen. Sie sind ein Betrüger! Das sage ich hier vor aller Welt!«,* usw. Pech, wenn Ihr Gegner auch ein Profi ist. Dann haben Sie eine Klage am Hals wegen ..., und irgendetwas finden die Anwälte immer. Formulieren Sie das aber als Frage um, bezogen auf die eigene Person (mit Rückzugsmöglichkeit), so wird es nicht mehr so gefährlich: *»Haben Sie mich mit XY betrogen? Ich fühle mich so. Das ist meine Meinung!«* Sie haben also genau die gleiche Beschuldigung angebracht. Vielleicht wirkt sie sogar noch intensiver. Der Rückzug bleibt immer möglich: *»Ich will ja niemandem zu nahe treten, aber das ist eben meine Meinung!«*
Natürlich ist das juristische Feld mit Tretminen übersät. Aber hier helfen die rabulistischen Wortverdrehungen, indem man

einem Sachverhalt mit anderen Worten einen anderen Wert gibt.
Beispiel:
Sie sagen: *»Sie reden einfach nur dämliche Sch....!«* Warum so primitiv? Formulieren Sie es um: *»Der IQ Ihrer rhetorischen Diarrhö erreicht nicht mal Zimmertemperatur!«* Oder statt zu sagen: *»Sie haben den A.... offen!«*, sagen Sie doch besser: *»Sie haben ein Opening am verlängerten Rückgrat!«*
Eine solche Umformulierung hat den überaus erfreulichen Vorteil, dass die Juristen sich selbst vor Wut ein Monogramm in den Bauch beißen, weil einerseits die juristische Ambiguität (Mehrdeutigkeit) zur Verwirrung führt, andererseits die wörtliche Wiederholung, z. B. von Zeugen, kaum möglich ist. Im Zweifelsfall fordern Sie eine genaue, wörtliche Wiederholung – keine sinngemäße. Ein wörtliches Wiederholen ist äußerst schwierig und in den meisten Fällen nicht exakt. Dazu ein praktisches Beispiel: Fordern Sie jemanden auf, die beiden folgenden, kurzen Sätze wörtlich zu wiederholen. Es wird kaum einer können.

»Das Licht pflanzt sich ***rascher*** *fort als der Schall. Daher nehmen wir den Blitz auch* ***schneller*** *wahr als den Donner!«*

Wichtig: Die Betonung muss auf »schneller« liegen, dann wird jeder beginnen mit: *»Das Licht pflanzt sich schneller fort* ... Jeder hat das Wort »schneller« noch im Gedächtnis, weil es zuletzt und so deutlich kam. Hier gibt es eine kommunikative Erkenntnis, die auch im Bullfighting eine große Rolle spielt: **Für den ersten Eindruck gibt es keine zweite Chance – und was ein Mensch zuletzt hört, behält er am besten.**

Es sei auch nochmals auf die Waffe »Süffisanz« hingewiesen. Das gilt insbesondere dann, wenn man es mit Honoratioren und Zeitgenossen zu tun hat, mit denen man sich nicht anlegen will. Statt also dem angesehenen Gegner zu sagen: *»Das ist doch falsch* *und saudämlich zugleich«*, sage man doch süffisant: *»Herr Kollege, es gibt kluge und wenig kluge Bemerkungen. Ich bin sicher, Sie können auch kluge Bemerkungen abgeben!«* Sie haben mit einer solchen Entgegnung in jeder Gruppe die Lacher auf Ihrer Seite. Wenn der Gegner jetzt kontert: *»Das war eine kluge Bemerkung!«*, greift wieder die Roger-Methode: *»Na, dann üben Sie noch mal ein bisschen! Denn das war noch keine reife Leistung!«*

Dennoch sei auch hier Vorsicht die Mutter der Porzellankiste. In Abschnitt 4.11 haben wir auf die juristischen Gefahren hingewiesen, wie im Zusammenhang mit Beleidigungen, Verleumdungen usw. Hilfreich sind stets Mehrdeutigkeiten in der Ausdrucksweise und … möglichst keine Zeugen. Und falls doch jemand Ihre Aussage auf Tonband aufgenommen hat und Ihnen mit der Veröffentlichung respektive dem Vorspielen vor Gericht droht, bekommen Sie lediglich Probleme mit Ihrem eigenen Anwalt. Der kann nämlich vor silberhellem Lachen nicht mehr gerade stehen …

5.5 Die goldene Regel: Halb Beifall – halb Buhrufe!

Ein Kollege bemühte sich zu Beginn seiner Vortragstätigkeit, den vorzutragenden Sachverhalt klar und ohne Konflikte darzustellen. Das gelang auch in den meisten Fällen. Das Publikum war begeistert, klatschte Beifall und klopfte ihm mit einem *»Weiter so!«* oder *»Sehr gut gemacht!«* auf die Schulter. Und das war's. Von denen hörte er nur in den wenigsten Fällen noch mal was. Es irritierte ihn, denn er hatte doch alles so unmissverständlich und konfliktfrei dargestellt. Warum keine Folgeaufträge, warum keine Vermittlung an Partnergruppen? Die Antwort schwant vielen, und ich sagte es ihm deutlich: Es war nichts los! Es war alles zu glatt, zu konfliktfrei, zu gekonnt –

also keine Ansätze für eine inhaltlich fördernde und emotional temperamentvolle Diskussion. *»Der Nächste bitte!«* Das sagte auch mir mal ein Auftraggeber zu Beginn meiner Selbständigkeit sehr deutlich auf meine Frage, warum ich bei ihm nur ein »Einmalreferent« sei, obwohl doch alle Zuhörer begeistert waren. Umdenken und umstellen war angesagt. Es war die Zeit, wo ich darüber nachdachte, wie ich mich von all diesen 08/15- und Folienreferenten wirkungsvoll absetzen konnte. Moderne Präsentationsgeräte kamen auf den Markt. Nun war es möglich, mit Ton und bewegten Bildern trockene Inhalte aufzulockern – humorvoll oder nachdenklich. Das hatte allerdings auch den Nachteil, dass sich die Menge der technischen Geräte drastisch vermehrte. Es war zudem die Zeit, wo ich über faire und unfaire Dialektik zur satanischen Verhandlungskunst kam – und nun faszinierte mich die dialektische Rabulistik. Das entsprechende Buch »Satanische Verhandlungskunst – und wie man sich dagegen wehrt!«, Wirtschaftsverlag Langen Müller / Herbig, ISBN 3-7844-7301-6, benötigte als Sachbuch nach Erscheinen gerade mal vier Monate, um auf die Bestsellerlisten zu gelangen (vor allem nach den Fernseh-Gastauftritten, unzähligen Radiointerviews und Berichten in den Printmedien). Was war geschehen? Plötzlich war alles nicht mehr glatt. Es gab bei diesen Themen eben nicht nur Beifall, sondern auch Buhrufe. Lesen Sie dazu einmal den Kulturteil Ihrer Zeitung. Da wird eine zwar gelungene, aber altbackene Inszenierung einer Wagner-Oper müde und lustlos kommentiert. Dann finden die Veranstalter den Mut, einen eher verrückt anmutenden Regisseur zur Neuinszenierung zu engagieren. Dieser analysiert ganz nüchtern, wo, wann und in welchen Szenen sich Anstand, Moral und bürgerliche Normalität wiederfinden. Hier setzt er an und inszeniert genau das Gegenteil. Wo der Schwan einst würdevoll die Jungfrau in einer Muschel übers Wasser zog, da zieht nun ein nackter Mann eine splitternackte Frau an beiden Beinen über die Bühne. Kunst eben.

Und dann lesen Sie mal die Presse am nächsten Tag ...
Aber: Der Mann, respektive die Frau, ist berühmt!

»Teile und herrsche!« – das ist das alte Cäsarenprinzip, perfektioniert u. a. durch Napoleon. Dieser hätte sich seiner Länder und Provinzen nicht so sicher sein können, wenn es nicht unter den von ihm eingesetzten Regierenden, die meistens seinem Clan bzw. seiner Familie angehörten, nicht ständig Streit gegeben hätte. Doch mit und durch die personellen Widersacher konnte er herrschen.
Bezogen auf unsere Arbeitswelt heißt das, dass ein Chef nur zwei Situationen fürchten muss: Entweder sind alle gut Freund mit ihm – dann ist er irgendwann erpressbar. Oder alle sind gegen ihn – dann kann er bald sein Geschäft schließen. **»Teile und herrsche!«** – ist darum das auch heute noch stets gültige Erfolgsmotto. Wer Chef ist, der lasse darum durch Teilung um seine Gunst buhlen – dann kann er »herrschen«.
Für einen Bullfighter kann das z. B. heißen, dass er keineswegs seine Gegner alle gemeinsam fertig machen sollte. Mitunter ist es wichtig, durch eine kontroverse Diskussion auch einige Andersdenkende zu »erzeugen«. Der Vorteil liegt auf der Hand. Man bleibt im Gespräch, man ist interessant und bringt zudem andere dazu, genau über das zu diskutieren. »Herrschen« heißt nicht, eine Krone auf- und einen Purpurmantel umzuhaben.

5.6 Gnadenlos nachsetzen – oder rechtzeitig aufhören!

Wenn das rechtzeitige Aufhören doch nur so einfach wäre ... Wer auf der Siegerstraße ist, kann kaum am Weitermarschieren gehindert werden. Es reizt, auch den letzten Trumpf noch auszuspielen – den Gegner fertig zu machen, ihm, im übertragenen Sinne wie ein Torero dem Stier, den Todesstoß zu versetzen.

Und dann? Was kommt danach?

Zunächst muss wieder auf Kapitel 3 verwiesen werden: **Was ist das Ziel? Was soll erreicht werden**? Die Antwort orientiert sich am Gegner. Ist es eine gegnerische Partei in einem Rechtsstreit, die verlieren soll, weil man selbst gewinnen will – dann ist die Antwort klar. Doch wer auf halbem Weg aufgibt, wer »kalte Füße« bekommt, wer Skrupel oder gar Mitleid hat, der hat die Zieldefinition nicht gründlich durchdacht und beantwortet. Wer einen Gegner wirklich fertig machen will, darf nicht davor zurückscheuen, dass es humanitäre Gründe gibt, die dagegensprechen. Das ist keine außergewöhnlich widerwärtige Empfehlung. Sie begegnet uns täglich. Da machen z. B. Banken ein mittelständisches Unternehmen fertig, indem sie zunächst Kredite auf der Grundlage einer zukunftsorientierten Geschäftsidee konkret in Aussicht stellen und sie gewähren, dann jedoch einen Rückzieher machen. Das Unternehmen scheitert. Was ist geschehen? Die Bank war nur Handlanger eines Konzerns, der einen lästigen Mittelständler ausschalten wollte. Was zählen da noch menschliche Schicksale? Für eine Bank sind menschliche Schicksale ohnehin nur Akten.

Denn in den Schaltstellen großer Banken sitzen Bullfighter. Und was für welche! Sie ziehen ein beschlossenes Programm gnadenlos durch. Um noch mehr Profit zu machen, werden Tausende Mitarbeiter entlassen – obwohl ein Milliardengewinn verbucht wurde. Nicht einmal ein deutscher Bundeskanzler kann sie auch nur in Ansätzen daran hindern. So weit die Makroebene.

In der Mikroebene kann es gefährlich werden, so konsequent nachzusetzen. Wer z. B. in einer Gruppe einen beachtlichen Erfolg erzielt hat, muss abwägen, ob er mit dem Nachsetzen die Gruppensympathie gewinnt oder – verliert. Man vergesse nicht, dass es viele Menschen gibt, die letztlich zum Schwächeren halten.

Dazu ein Beispiel:

Ein externer Referent wurde verpflichtet, vor der entsprechenden Abteilung ein Referat zu Fachfragen mit Diskussion zu halten. Sehr schnell merkte der Referent, dass es einen nervigen Besserwisser in der Gruppe gab, den aber offensichtlich alle ablehnten. Sobald er sich, ohne zu fragen, zu Wort meldete, verdrehten die anderen die Augen. Das bemerkte natürlich der Referent, und er wählte sich also diesen Mitarbeiter zu seinem »Feind«. Er ließ kaum eine Gelegenheit aus, ihn bloßzustellen und zu blamieren, z. B. durch kaum zu beantwortbare Fachfragen mit anschließender Häme. Am Anfang war ihm der Applaus sicher. Je öfter der Referent jedoch zum Schlag ausholte, umso mehr wuchs der Gemeinschaftssinn. Plötzlich war selbst dieser ungeliebte Mitarbeiter »einer von uns«, den ein Externer fertig machen wollte. Die Stimmung kippte. Es dauerte nicht lange, und der Referent stand ziemlich hilflos in der Arena. Jetzt wurde er zur Zielscheibe der Kritik. Sein Fehler war, dass er nicht den wichtigsten Grundsatz eines Referenten beachtet hatte: **Die Gruppensympathie ist ein scheues Reh!**

Daraus folgt:

Nichts spricht dagegen, gnadenlos nachzusetzen, um den Erfolg auch auszukosten. Ein Bullfighter schert sich nämlich nicht um das Herzeleid seiner Opfer. Wenn also empfohlen wird, rechtzeitig aufzuhören, so erfolgt diese Empfehlung nicht aus Gründen des Anstands, sondern aus taktischen Gründen. Rechtzeitig aufzuhören heißt mitunter, einen Sieg zu retten – oder ihn noch zu verstärken. Denn wer rechtzeitig aufhört, kann und darf oftmals damit rechnen, dass andere »seine Schlacht« weiterführen – und anschließend den Bullfighter auch noch loben ob seiner Weisheit ...

5.7 Die Wirkung zum Schluss immer deutlich erhöhen!

Stellen Sie sich vor, Sie besuchen ein Theater. Das Stück ist zu Ende, der Vorhang fällt, niemand klatscht, alle Besucher stehen auf und gehen.
Unmöglich, gibt's nicht.
»*Der Beifall ist das Brot des Künstlers*« – weiß jeder Schauspieler. Und Künstler wissen auch, wie man Beifall »provozieren«, also »ziehen« kann. Wer nach einem Redebeitrag, z. B. nach einem Referat, nach dem letzten Satz sofort von dannen schleicht, muss sich nicht wundern, dass der Beifall spärlich ist. Wer jedoch den »Beifall zieht«, indem er sagt: »*Das waren meine Gedanken. Und ich bin sicher, dass noch vieles zu sagen ist. Doch jetzt erst einmal haben Sie das Wort, meine Damen und Herren!*« – der kann ihn stürmisch ernten. Im Theaterleben nennt man das »Vorhänge«.
Wenn der Bullfighter gnadenlos nachgesetzt hat, dann darf er auch die schlussendliche Wirkung nicht verpuffen lassen. Zur Erläuterung: Prüfen Sie einmal einige dieser unzähligen Polit-Plapper-TV-Shows auf die Frage, wer wann und warum den größten Beifall bekommt. Sie ist einfach zu beantworten. Ausgebuffte Profis lassen Argumente nicht wirkungslos auslaufen, sondern bilden zum Schluss einen Satz als Aufforderung zu klatschen: »*Das haben wir vorgeschlagen, und genau das, meine Damen und Herren, wollen unsere Bürger – und nicht Ihr Klein-Klein!!!*«
In der Praxis erhöht man die Wirkung jedoch nicht dadurch, dass man stehen bleibt, sich also zum erneuten Fight stellt. Nein, wichtig ist, dass man nach einem gelungenen Angriff auch »aus der Situation« tritt, herausgeht, sie wechselt. Ein Bullfighter muss den Mut, das Können und auch die Chuzpe besitzen, einfach zu gehen. Und was geschieht hinter ihm? Das muss ihm gleichgültig sein. Es wäre eh nicht zu ändern.

Es kommt also darauf an, den guten und wirkungsvollen Schlusspunkt zu setzen. Hier können wir von den Politprofis lernen, die stets den Beifall einfordern mit entsprechenden Formulierungen: »*Das ist genau das, was (Kunden, Bürger, Nachbarn, Anleger, Frauen usw. ...) wollen! Und nicht diesen (Ihren) unsozialen Vorschlag!*«

Der Appell am Ende jeder Rede ist immer noch geeignet, Wogen der Begeisterung zu erzeugen: »*Mein Appell lautet darum: Wir alle sollten den Mut, die Kraft und die Beharrlichkeit aufbringen, diese Zustände ...!*« Und wenn Sie ein Referat halten: Schleichen Sie sich am Ende nicht vom Erfolg weg – verschmähen Sie nicht den Beifall Ihrer Zuhörer. Genießen Sie ihn und würdigen Sie das mit einer kurzen Verbeugung! Dann erst gehen Sie.

Im täglichen Bullfighting ergibt sich leider nicht immer die Möglichkeit, vor einer großen Gruppe zu wirken. Meistens ist es sogar nur ein Zwiegespräch. Aber die Bedeutung der Schlusswirkung ist nicht deswegen geringer. Hier verweisen wir auf die Roger-Methode. Dabei geht es darum, bestimmte Standardformulierungen stets dann einzusetzen, wenn der Gegner auf Ihren Angriff hin »nachblubbert«. Zum Beispiel:

Der Gegner kontert: »*Und genau das wollte ich Ihnen ja sagen!*«

Sie: »*Sie müssen sich jetzt nicht erklären / entschuldigen. Es ist alles gesagt. Sie haben jetzt genügend Möglichkeiten nachzudenken!*«

Oder Sie kontern auf seine Antwort: »*Na ja, dann üben Sie nochmals. Sie sind ja noch jung genug!*«

Oder:

»*Wenn ich Ihnen in drei Tagen keine Antwort gegeben habe, dann war das schlicht ein dummes Argument!*«

Die Regel lautet also darum: Wenn Sie gnadenlos nachgesetzt haben, wenn Sie den Gegner bis zum Ende fertig gemacht haben, dann muss auch der Schlusspunkt »sitzen«: »*Herr Kollege, wenn Sie das jetzt sagen, dann brauchen Sie das ganz offensichtlich mental. Ich gebe es Ihnen hiermit! Wenn es Ihnen doch nur hilft ...*«

6.

Schlussbemerkung

Süß ist der Sieg, bitter Neid und Rache

Aber für wen? – das bleibt die Frage.

Zu siegen um jeden Preis – das war die Anfangsaussage dieses Buches. Wichtige Fragen der Moral, der Ethik und der Würde – sie alle spielen bei der Absicht, seine Feinde zu besiegen, bestenfalls eine untergeordnete Rolle. »Vorlaut« zu werden – damit sollte alles beginnen. Und ziviler Ungehorsam ist erforderlich. Denn diese Verhaltensweisen »stören«, und zwar diejenigen, die einen Fahrplan für Sie aufgestellt haben, dem Sie gehorchen und nach dem Sie sich richten sollen. Testen Sie ruhig einmal die Wirkungsweisen bei Zeitgenossen, die glauben, Ihnen ständig etwas sagen oder gar befehlen zu müssen. Das kann der Hausmeister sein, der meckernde Nachbar, der nervige Arbeitskollege – wer auch immer. Doch es geht nicht darum, jemanden »niederzubrüllen«, das bringt ohnehin nichts. Wer immer brüllt, den nimmt man nicht ernst. Wichtig ist, dass Ihr Gegenüber sehr deutlich merkt, dass Sie sich nichts gefallen lassen. Widersprechen Sie unmissverständlich, verbitten Sie sich Unverschämtheiten, zweifeln Sie die Kompetenzen an und scheuen Sie sich auch nicht, einmal einen Vergleich hinsichtlich der Zugehörigkeit zu einer Sozialstufe anzustellen: *»Herr Müller, Sie beweisen soeben, dass Sie Mitglied der Sozialstufe 3 sind. Das ist nicht mein Niveau. Bye-bye!«* Jetzt müssen Sie das Gespräch beenden, sich umdrehen und gehen. Und wenn Sie hören, dass hinter Ihnen nachgeblafft wird: *»... werden Sie schon noch kennen lernen ...!«*, usw., dann gilt die klammheimliche Freude, von der hier bereits die Rede war.

Halten Sie Ihre Sinnesorgane wach. Sehen und hören Sie, was Zeitgenossen machen, denen Sie nacheifern wollen. Und Sie werden immer eine Verhaltensweise beobachten: Diese Menschen bleiben gerade stehen, haben einen festen Blick, antworten deutlich und klar und drehen sich um und gehen, wenn das Gesagte »sitzt«. Der andere steht da – vielleicht mit hochrotem Kopf. Verfallen Sie nicht in die Rhetorik wie Diskutanten im Wirtshaus, wo ein Brüller nach dem anderen erfolgt und niemand zuhört. Oftmals sind ganz kurze Bemerkungen wie spitze Pfeile: *»Soso. Das ist also Ihre Meinung. Nun, ich habe von Ihnen auch nichts anderes erwartet!«* – jetzt umdrehen und erhobenen Hauptes gehen. Oder: *»Wenn das Ihre Meinung ist, dann bleiben Sie einfach dabei. Die ist doch gut genug für Sie!«* – gleiches Verhalten wie oben. Oder: *»Ich kenne Ihr Vermögen nicht. Aber ich kenne Ihr Unvermögen – nämlich, höflich zu sein!«* Nun ist die spontane, schlagfertige Rede nicht jedermanns Sache. Hier hilft nur Übung! Üben Sie eine Minute lang, z. B., über eine Nachricht zu sprechen, über eine Leserzuschrift, über ein Bild usw. Dabei sind bestimmte Redewendungen, Fachausdrücke, Fremdwörter etc. von hohem Nutzen. Schreiben Sie auf Post-it-Zettelchen bestimmte Begriffe, Redewendungen usw. und heften Sie diese in Ihrem Arbeitszimmer willkürlich irgendwohin. Ein Beispiel dazu: Sie wollen jemandem sagen, dass er Blödsinn geredet hat. Das kann man direkt tun – es wirkt aber kaum. Besser ist Umschreibung – nur, die fällt einem nicht sofort ein. Mit einem Papperl, an dem Sie ständig vorbeigehen und auf dem die Worte »gute und schlech-

te Bemerkungen« stehen, können Sie einen schlagfertigen Spruch lernen: *»Herr Kollege, es gibt gute und schlechte Bemerkungen. Ich bin sicher, Sie können auch gute. Warum zeigen Sie nur schlechte? Guten Morgen!«*
Da Sie es nicht immer mit denselben Menschen zu tun haben, besteht auch keine Gefahr, dass Ihnen Wiederholung vorgeworfen wird. Falls doch, hilft ein Hammerspruch: *»Ich habe nur versucht, Ihrer bescheidenen Intelligenz Rechnung zu tragen. Seien Sie mir doch dankbar dafür!«*
Oder: *»Ja, ja, man merkt, Sie sind lernwillig. Aber leider nicht lernfähig!«*

Neid muss man sich bekanntermaßen verdienen. Mitleid bekommt man stets umsonst. Doch wie kann die Rache des Gegners aussehen? Welche Waffen, welche Möglichkeiten, welche Tricks hat er drauf? Nochmals, bei jeder Freude oder Schadenfreude sei auf das Ziel einer jeden Handlung als Bullfighter hingewiesen: Was soll erreicht werden? Und wenn es erreicht ist, **was dann?**

Denn niemals sollte ein Bullfighter vergessen:

Süß ist der Sieg, bitter Neid und Rache.

München, im Februar 2007

Dr. Dr. Wolf Ruede-Wissmann
Postfach 22 13 40
D-80503 München
Homepage: www.ruede-wissmann.de
E-Mail: dr@ruede-wissmann.de